가족이 행복해야 인간이 건강하다

가축이 행복해야 인간이 건강하다
가축사육, 공장과 농장 사이의 딜레마

2012년 7월 20일 초판 1쇄
2018년 6월 12일 초판 4쇄

지은이 | 박상표

편　집 | 김희중, 이민재

디자인 | 오혜진
제　작 | 영신사

펴낸이 | 장의덕
펴낸곳 | 도서출판 개마고원
주　소 | 경기도 고양시 일산동구 호수로 662 삼성라끄빌 1018호
전　화 | (031) 907-1012, 1018
팩　스 | (031) 907-1044
이메일 | webmaster@kaema.co.kr

ISBN 978-89-5769-132-8

blog.naver.com/kaema1989

이 도서의 국립중앙도서관 출판시도서목록(CIP)은
e-CIP 홈페이지(http://www.nl.go.kr/ecip)와 국가자료공동목록시스템
(http://www.nl.go.kr/kolisnet)에서 이용하실 수 있습니다. (CIP 제어번호: CIP2012003210)

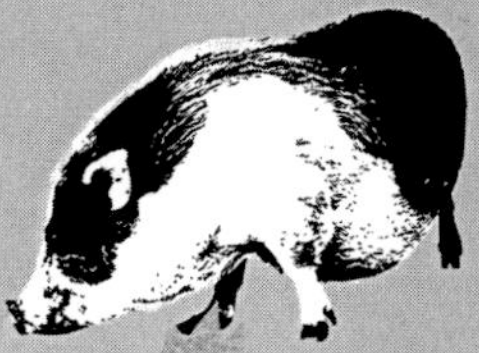

가축이 행복해야 인간이 건강하다

가축사육,
공장과 농장 사이의 딜레마

박상표 지음

개마고원

머리말

2008년 촛불시위. 100만 명이 넘는 시민들이 서울시청 광장에서 광화문에 이르는 세종로 거리를 가득 메웠다. 유모차를 끌고 나온 엄마, 예비군복을 입고 나온 복학생, 교복을 입고 나온 소녀, 넥타이를 매고 나온 직장인 등 각양각색의 평범한 시민들은 분노로 들끓었다. 왜? 광우병 위험에서 안전하지 않은 미국산 쇠고기를 전면적으로 수입하겠다고 결정한 정부의 졸속 협상 때문이었다. 안전한 먹을거리에 대한 요구를 시작으로 국민의 생명과 건강권, 검역주권, 정치적 자유와 사회적 권리로까지 시위 주제가 확대되면서 100일이 넘는 기간 동안 300만 명 이상의 시민들이 거리 시위에 나섰다.

2009년 신종플루 대유행. 전세계적으로 1만8000명이 사망했다. 돼지에서 유래한 인플루엔자 바이러스가 돌연변이를 일으켜 종간 장벽을 뛰어넘어 사람에게 전염된 것이다. 돼지의 호흡기 상피세포에는 사람·돼지·조류의 인플루엔자 바이러스 수용체가 있기 때문에 의사들은 돼지를 독감 바이러스의 '혼합 도가니'라고 부른다. 인플루엔자 바이러스에 감염된 돼지는 3개월간 무증상 상태에서 독감을 옮기는 매개체 역할을 할 수 있다. 새로운 전염병의 출현에 사람들은 공포에 떨었고, 전국이 '예방접종 사태'로 난리를 치렀다.

2010년 11월부터 이듬해 봄, 구제역과 조류독감 발생. 4개월 사이에 구제역으로 348만 마리의 가축을, 고병원성 조류독감으로 627만 마리의 닭과 오리를 땅에 묻었다. 미디어와 인터넷을 통해 돼지와 닭이 생매장되는 현장과, 그 가축들을 파묻은 땅에서 핏물이 새어나오는 오염 실태가 적나라하게 공개됐다.

근자에 이렇게 해마다 발생한 광우병, 신종플루, 조류독감, 구제역 등의 사태를 겪으면서 우리 사회는 뒤늦게 뭔가를 깨달아가기 시작한 듯하다. 쇠고기·돼지고기·닭고기를 소비하는 문제가 단순히 먹을거리의 안전문제 차원에 그치지 않는다는 인식을 가지게 된 것이다.

불과 50년 전까지만 하더라도 대부분의 사람들은 굶주림의 고통 속에서 살았다. 이 고통에서 자유로운 사람은 '이밥에 고깃국'을 먹을 능력이 됐던 소수 특권층에 불과했다. 반면 대부분의 백성들은 늘 배가 고팠기 때문에 살기 위해 무엇이든 닥치는 대로 먹어야 했다. 흉년 때에는 풀뿌리나 나무껍질로 죽을 쒀 먹으며 겨우겨우 목숨을 부지했다. 그러나 녹색혁명과 세계적인 농식품 유통망의 발달로 우리를 비롯한 대부분의 인류는 굶주림에서 벗어나게 됐다. 현대 과학기술 덕에 가축사육 기술은 눈부시게 발달했고, 과거엔 한 해 가운데 특별한 날에만 먹을 수 있었던 고기도 이제는 매일같이 배불리 먹을 수 있다. 아직 모든 사람에게 식량을 골고루 나누어주지 못하고 있는 분배의 형평성 문제만 따지지 않는다면, 이제 굶주림은 머나먼 과거의 이야기일 뿐이다.

한편 축산업 분야의 생산력 증가는 인간이 더 많은 고기를 소비하도록 부채질한다. 현재 전세계적으로 사육되고 있는 가축은 세계 인구의 약 10배가량인 600억 마리로 추정되고 있다. 1961년에 7100만 톤의 고기를 소비했던 인류는 2007년에는 2억8400만 톤의 고기를 먹어치웠다. 그 사이 세계 인구가 2배 늘어난 데 비해 고기 소비량은 4배나 늘어난 것이다. 게다가 그 사이 경작지는 기껏해야 13% 늘어난 점을 감안하면 농업과 축산업의 생산력 증가는 실로 놀라운 일이 아닐 수 없다.

좀더 자세히 들여다보자면, 우리나라 사람들은 지난 1970년만 하더라도 한 사람이 한 해 동안 5.2㎏의 고기를 먹었을 뿐이다. 그런데 2010년엔 1인당 41.1㎏로, 40년 사이에 1인당 고기 소비량이 무려 8배나 늘어났다. 미국인들은 지난 2007년 기준으로 1인당 127.1㎏의 고기를 소비하는 상황이다. 이에 비해 중국인들은 지난 2009년 1인당 56.4㎏의 고기를 소비하는 정도지만, 계속 증가하고 있는 추세다.(만일 인구 13억4000만 명에 이르는 중국인들이 미국 수준으로 고기를 소비한다면 어찌 될까?)

그러나 문제는 이렇게 맘껏 고기를 포식하게 된 이면에 자리한 '짙은 그늘'이다. 즉, 축산업이 대규모로 발달하면서 환경재앙을 불러오고 있으며, 육류를 지나치게 섭취하면서 인간의 건강은 오히려 심각한 위협을 받고 있다. 곡물사료로 키운 가축의 고기를 지나치게 많이 먹어 풍요의 질병으로 불리는 비만을 비롯해 심장발작, 암, 당뇨병 등으로 목숨을 잃는 사람들이 갈수록 눈덩이처럼 불어나고 있다. 그리고 그 배후에는 공장형 축산을 통해 이윤을 추구하는 다국적 거대 농축산기업이 있다. 이들은 곡물·사료·가축·가공식품의 생산에서 유통 및 소비까지 모든 과정을 장악하여 막대한 수익을 내고 있다. 전세계에서 소비되는 쇠고기의 43%, 닭고기의 74%, 계란의 68%가 공장형 축산방식으로 생산되고 있다.

가축에 투여한 항생제와 호르몬제는 인간의 건강에 영향을 끼칠 뿐만 아니라 땅, 강, 바다도 오염시킨다. 가축이 내보내는 트림, 방귀, 똥, 오줌은 토양과 수질을 오염시키는 것도 모자라 지구온난화의 주범으로도 지목받고 있다. 축산업 분야에서는 온실가스로 배출되는 전체 이산화탄소의 18%가 나오는데, 이는 자동차가 배출하는 온실가스보다 더 많은 비율이다. 이런 사실들을 반영하여 세계식량기구FAO는 2006년 11월 "축산업은 환경을 위협하는 가장 중요한 요인"이라는 보고서를 발표하기도 했다.

공장에서 자동차를 기계로 찍어내듯이 가축을 생산하고 있는 현대의 공장식 축산 방식을 매개로 유전자조작 씨앗, 화학비료, 농약, 항생제, 성장호르몬 등을 생산하는 거대기업들이 서로 막대한 이윤의 카르텔을 형성하고 있다. 농민들이 자신들의 땅에서 내몰리지 않고, 가축들이 학대받지 않고 자라며, 소비자들이 건강에 해롭지 않는 안전한 식품을 먹기 위해서는 이러한 카르텔을 깨뜨려야 한다. 이 책은 바로 이러한 문제의식에서 출발하여 공장식 축산방식의 문제점을 고발하고, 그 현실적 대안을 모색해보고자 한다.

미리 고백하건대 이 책은 웰빙 지침서도 아니며, 맛집 정보 소개서는 더욱 아니고, 영양소나 칼로리를 계산하여 건강식단을 짜는 요리책도 아니다. 또한 채식이나 동물해방이 궁극적 대안이라는 근본주의적 주장을 하지도 않을 것이다. 다만 독자들이 이 책을 덮을 때 "가축이 행복해야 인간이 건강하다"는 사실을 마음으로 공감하여, 먹고 살아가는 일에 대한 물음표 하나를 가슴속에 남기게 되기를 바랄 뿐이다.

2012년 7월

박상표 씀

머리말 / 4

여는 글 왜 가축의 행복까지 고려해야 할까? / 11

제1장 우리가 먹는 고기는 어떻게 사육되고 있을까?

1. 꽃등심에 숨겨진 비밀 / 20
2. 삼겹살을 좋아하는 당신이 모르는 이야기 / 38
3. A4 한 장에 갇힌 통큰치킨의 외침 / 54

제2장 누가 커튼 뒤에서 이윤을 거두는가?

4. 황금알을 낳는 아우슈비츠, 도살장 / 70
5. 동물을 학대하고 괴롭힐수록 수익이 커지는 이유 / 91
6. 공장식 축산업을 부추기는 축산업 선진화 방안 / 98

제3장 공장식 축산업이 인간 건강에 미치는 영향

7. 신종플루보다 더 무서운 신종 전염병 '비만' / 116
8. '식중독'을 신속하게 배달해드립니다 / 124
9. 공장형 가축농장은 '전염병'의 마르지 않는 저수지 / 149
10. 어떤 항생제에도 죽지 않는 세균이 당신의 목숨을 노린다 / 171

제4장 가축이 행복해야 인간이 건강하다

11. 농부가 변해야 가축이 행복하다 / 194
12. 가축의 복지는 소비자의 선택에 달려 있다 / 228

닫는 글 얼굴 있는 생산자와 가슴이 따뜻한 소비자가 만날 때 / 242

여는 글

왜 가축의 행복까지 고려해야 할까?

인간은 고기나 우유 또는 달걀을 얻기 위해 신석기 시대부터 가축을 길러왔다. 인간의 가축 사육은 수천 년 동안 크게 그 모습이 변하지 않았다. 집에서 몇 마리씩 기르거나, 들판에서 풀어놓고 기르는 수준이었다. 불과 100여 년 전까지만 해도 그랬다. 그러나 현재는 상품을 찍어내는 공장처럼 엄청난 수의 가축을 산업적으로 사육하고 있다. 이제 가축은 '산업동물'로 불리고 있으며, 목축업은 공장식 축산업으로 바뀌었다.

공장식 가축농장Factory Farm은 육류의 생산량을 최대화하고 비용을 최소화하는 집약적인 생산라인을 이용하여 가축을 사육하는 시스템을 말한다. 가축은 이 시스템에서 이윤 추구를 위한 상품일 뿐이다. 공장식 가축농장은 가축을 비좁은 공간에 격리시키는 밀집사육, 각종 인공시술, 온갖 화학약품 사용, 곡물사료 투여, 단일품종

집중가축사육시설에 격리된 소떼. 미국에서 개발한 이 공장식 사육 시스템은 '최소비용 최대생산'을 기치로 전세계 대형 비육장에 채택됐다.

사육 등을 특징으로 한다.

미국 정부와 축산업계는 '집중가축사육시설Concentrated Animal Feeding Operations'이라는 용어를 선호하는데, 이는 기르는 가축의 숫자를 중심으로 정의된다. 미국 환경보호청EPA은 예전에 1년에 45일 이상을 가두어 기르는 경우에 한해서만 '가축사육장Animal feeding operation'이라고 정의했지만, 최근에는 모든 가축 사육 시설을 가축사육장이라고 부른다. 집중가축사육시설은 비육우 1000마리, 젖소 700마리, 25*kg* 이상의 돼지 2500마리, 닭 12만5000마리 이상을 사육하는 가축사육장이라고 규정하고 있다.

미국에서는 2010년 7월 기준으로 총 1억80만 마리의 소가 사육되고 있다. 미국의 비육장은 10만 개가 넘지만, 1000마리 이상을 사육하고 있는 대형 비육장은 약 2200개에 불과하다. 사실 미국의 농가당 평균 소 사육두수는 42마리밖에 안 되며 대부분은 소규모 가족경영 형태이다. 전체 비육장의 2%에 불과한 대규모 공장식 축산농장이 시장으로 출하되는 비육우의 85%를 사육하고 있는 것이다. 대형 비육장에서 출하되는 소들은 거대 농식품회사에서 운영하는 도축장을 통해 상품화된다. 다시 말해 집중가축사육시설과 농식품 거대기업이 상업적으로 거래되는 쇠고기 대부분을 장악하고 있단 얘기다. 타이슨푸드, 카길, 스위프트 등 상위 4개의 거대 농식품회사가 미국에서 소비되는 쇠고기의 81%, 돼지고기의 57%, 닭고기의 50%를 공급하고 있다.●

공장식 축산업은 사료생산에서부터 동물약품, 종축, 사육, 도축 및 가공포장, 유통 및 판매에 이르기까지 모든 과정을 수직적으로 통합하여 거대 축산기업이 통제할 수 있게 해준다. 국내에서는 이러한 수직적 통합을 '계열화'라고 부르고 있다. 그리하여 소규모 농가는 거대기

● 물론 미국 정부도 공장식 축산을 일방적으로 옹호만 하지는 않는다. 미국 질병관리본부(CDC)에서는 집중가축사육시설의 공중보건상 문제점으로 ① 항생제 오남용으로 인한 항생제 내성균 발생 우려, ② 사람과 동물에 질병을 전염시킬 수 있는 기생충·세균·바이러스 등 병원체의 발생 우려, ③ 암모니아·질소·인 등 지표수의 산소를 감소시키는 물질이 배출되어 유해한 조류(alga)의 증식시키고 수질을 오염시킬 우려, ④ 축산 분뇨와 깃털 등의 고형 물질이 유용한 수생식물의 성장을 제한하거나 질병의 원인이 되는 미생물을 발생시킬 우려, ⑤ 비소·구리 등의 중금속이 지표수에 흘러들어 인간의 건강에 해를 끼칠 우려 등을 제기한 바 있다. 열악한 사육환경에서 일하는 농장주와 노동자들은 소비자들보다 더 큰 위험에 노출되어 있다. 그러나 미국 정부는 유전자조작 곡물사료, 유전자조작 호르몬, 동물성 사료 정책 등의 문제점에 대해서는 외면하고 있다.

업과 계약생산을 하거나 거대기업에 고용된 농업노동자로 전락하게 된다.

우리나라도 축산물 수입개방과 한미 자유무역협정FTA 등으로 점점 미국과 비슷한 상황으로 바뀌고 있다. 돼지를 2000마리 이상 사육하는 1500개 정도의 농가가 우리나라 전체 사육 돼지의 60%를 기르고 있다. 산란계 3만 마리 이상을 사육하는 600개 남짓한 농가에서 전체 닭의 80%를 기르고 있으며, 오리를 1만 마리 이상 사육하는 600개 정도의 농가에서 전체 사육 오리의 90%를 기르고 있다. 한우의 경우엔 아직까지도 네댓 마리를 기르는 소규모 농가가 절반가량 남아 있지만, 이마저도 정부의 축산업 선진화 정책에 따라 점점 사라질 상황에 처해 있다.

이렇게 공장식 축산업이 대세가 되면서 가축의 행복과 권리에 대한 문제가 생겨났다. 현재의 축산 시스템에서 대다수 가축들은 생존에 필요한 최소한의 것조차 누리지 못한 채 끔찍한 조건 아래 사육당하고 있다. 농장에서 도축장으로 운송되는 과정에서도 엄청난 스트레스를 받고 있다. 도축장의 비위생적인 환경은 말할 것도 없으며, 도살되는 순간에도 고통스럽게 죽는다. 안락사 등의 가능한 조치가 있음에도 제대로 시행되지 않고 있는 게 현실이다.

동물들도 인간과 마찬가지로 아프고 고통스러운 감정과 심리적 불안을 느끼며, 피곤해도 엄청난 스트레스를 받는다. 이러한 환경에서 사육되는 가축들은 면역력이 약해져 여러 가지 질병에 걸릴 가능성이 높으며, 그 고기를 먹는 인간의 건강에도 악영향을 끼칠 우려가 있다.

물론 행복이나 건강은 체온이나 몸무게처럼 숫자로 환산할 수 없는 추상적인 개념이다. 어느 정도가 행복하거나 건강한 상태인지를 객관적으로 나타낼 수 있는 과학적 방법은 없다. 공장식 축산업을 옹호하는 주류 과학자들은 사료섭취량, 일당증체량, 사료효율, 육질, 우유생산량 등이 사육 환경에 따라 차이가 나지 않는다고 주장한다. 그들은 공장식 축산으로 생산한 고기와 유기농이나 동물복지를 고려하여 생산한 고기가 과학적으로 똑같다고 우기고 있다. 그래서 병원성 대장균 O-157이나 살모넬라균에 오염된 고기라도 방사선을 쬐거나 약품처리를 해서 식품으로 판매해도 문제없다고 여긴다.

공장식 축산업을 옹호하는 또 다른 논리는 이데올로기 공세를 펼치는 것이다. 공장식 축산을 비판하는 사람들을 채식주의자로 몰아붙이고, 히틀러와 연관시켜 '에코 파시즘'으로 치부해버린다. 실제로 히틀러는 채식주의자였으며, 나치 정권은 1933년 11월 세계 최초로 동물보호법을 제정하기도 했다. 그러나 히틀러가 동물복지를 신경 썼다고 해서 동물복지 주장이 파시즘이 되는 것은 아니다. 히틀러는 금연주의자이기도 했으며, 나치 정부는 세계 최초로 금연정책을 실시했을 뿐만 아니라 1935년 자연보호법을 제정하여 환경보호의 선구자적 역할을 하기도 했다. 이 금연정책과 환경보호정책은 현재 세계의 모든 나라에서 이데올로기와 무관하게 적극적으로 옹호하고 시행하고 있잖은가. 히틀러를 끌어들이는 식의 이데올로기 공세는 전혀 설득력이 없다.

객관적 수치가 말해주지 못하는 진실은 분명히 존재한다. 공장식 축산으로 인해 좁고 더러운 공간에서 자란 가축은 면역력이 약하며 세균이나 바이러스에 더 많이 노출된다. 맘대로 활동을 할 수 없으니 뼈도 약해서 더 쉽게 골절상을 입을 수 있고, 요로감염이 일어날 가능성도 더 높다. 이런 밀집사육 농장에서는 식중독을 일으키는 노로바이러스를 비롯하여 살모넬라균, 포도상구균, 병원성 대장균 O-157, 리스테리아균 등과 같은 병원성 세균이 끊임없이 돌연변이를 일으키고 있다. 광우병·조류독감·돼지독감 같은 대재앙을 일으킨 전염병이 이곳에서 발원했으며, 바이러스가 부지기수로 생겨나는 슈퍼 배양소 역할을 하고 있다.

뿐만 아니라 공장식 축산방식은 엄청난 양의 항생제·살충제·소독약 등을 사용할 수밖에 없기 때문에 토양과 하천, 바다 등 환경을 오염시킨다. 공장식 가축농장에서 배출되는 분뇨도 심각한 환경문제를 일으키고 있다. 돼지 5만 마리를 사육하는 농장에서 하루에 배출되는 분뇨량은 무려 227톤에 이른다. 심지어 소 1만 마리를 사육하는 농장에서 배출되는 분뇨는 인구 11만 명이 살고 있는 도시에서 발생하는 쓰레기와 맞먹을 정도다.

윤리적인 측면에서도 공장식 축산은 동물의 자유를 억압하고 인간의 잔혹성을 증가시킨다. 농장에 갇힌 가축들은 갈증이나 배고픔 또는 영양불량 상태에서 벗어날 자유, 불편하지 않을 자유, 고통이나 상처 또는 질병에 걸리지 않을 자유, 정상적인 활동을 할 자유, 공포와 스트레스를 받지 않을 자유 등 살아 있는 동물로서 누려야 할 5가지 기본적인 자유를 빼앗긴다. 공장식 축산업자들의 잔인한 사육방식은 빛깔이 연한 송아지 고기를 얻기 위해 송아지를 햇빛이 차단되도록 조그만 상자 속에 가두어 기르고, 생산성을 높이기 위해 갓 태어난 어린 돼지의 이빨과 꼬리를 자르며, 사료 효율을 높이기 위해 어린 병아리의 부리를 서슴없이 잘라버리는 지경에 이르고 있다. 인간의 잔혹성은 동물을 대상으로 이렇게 점차 개발(?)되고 있는 것인지도 모른다.

우리가 가축의 행복에도 눈길을 줘야 하는 이유는 단지 윤리적 차원의 '이상론'에 그치는 게 아니다. 바로 우리 자신의 건강을 지키기 위해서라는 '현실론'에도 이유가 있다. 역설적이지만 우리 자신이 맛있고 안전한 축산식품을 먹기 위해서라도 가축의 복지에 눈을 돌려야 한다. 식중독이나 전염병의 위험을 줄이려면 가축을 보다 인도적으로 사육해야 한다. 지구온난화와 환경오염을 더욱 부채질할 공장식 축산을 지속하지 않으려면 현실성 있는 대안을 적극 고민해야 한다. 물론 완벽한 대안이란 있기 어렵다. 인간이 잡식성 동물인 한 육식을 멈추는 것만이 대안이라는 주장은 비현실적이다. 그렇다고 손을 놓을 수는 없는 일 아닌가.

인류의 역사는 노예제도 · 인종차별 · 여성차별 등을 철폐하면서 도덕적으로 끊임없이 진보해왔다. 동물을 잔혹하게 학대하는 공장식 축산방식을 규제하는 것은 인간이 그만큼 더 윤리적으로 성숙해진다는 증거이기도 할 것이다.

가축이 행복해야

제1장

인간이 건강하다

우리가 먹는 고기는 어떻게 사육되고 있을까?

1 꽃등심에 숨겨진 비밀

화려한 마블링을 위해 소가 먹어야 하는 것들

"여기 한우 꽃등심 넉넉하게 주세요." 드라마 속의 팀장님은 위풍당당하게 회식 메뉴로 꽃등심을 주문한다. 고기는 '씹어야 제맛'이라던 시절은 끝났다. 고기는 부드럽게 입안에서 '살살 녹아야 제맛'인 게다. 자칭 미식가들은 꽃등심을 먹으면 환상적인 마블링과 부드러운 고기 맛을 느낄 수 있다고 한다. 식당업주들은 '착한 가격'에 '환상적 마블링'이라며 꽃등심 홍보에 여념이 없다.

마블링marbling은 대리석 무늬의 색깔이라는 뜻이다. 소의 살코기 속에 지방이 촘촘히 박힌 모양이 마치 대리석 무늬처럼 보여서 마블링이라는 이름이 붙었다. 마블링의 상품화는 미국 목축업자들에 의해 시작되었다. 목축업자들은 쇠고기 품질 평가를 눈에 보이는 지방의 양에 따라 하자고 미국 농무부장관에게 건의했다. 이에 농무부장관은 1926년 쇠고기 지육 등급 기준을 공식 발표했으며, 이듬해 5월부터 축산업계는 자발적으로 참여했다.(우리의 경우, 1992년 도체등급제를 시행하면서 마블링을 기준으로 본격적으로 쇠고기 등급을 매기기 시작했다.)

현재 미국의 쇠고기 등급은 품질등급Quality Grade과 수율등급Yield Grade으로 나누어 판정된다. 품질등급은 마블링과 성숙도로 결정된다. 육색과 근육의 탄력도 등이 품질등급을 판정할 때 추가적으로 고려되고 있다. 마블링에 따른 미국의 쇠고기 품질등급은 프라임,

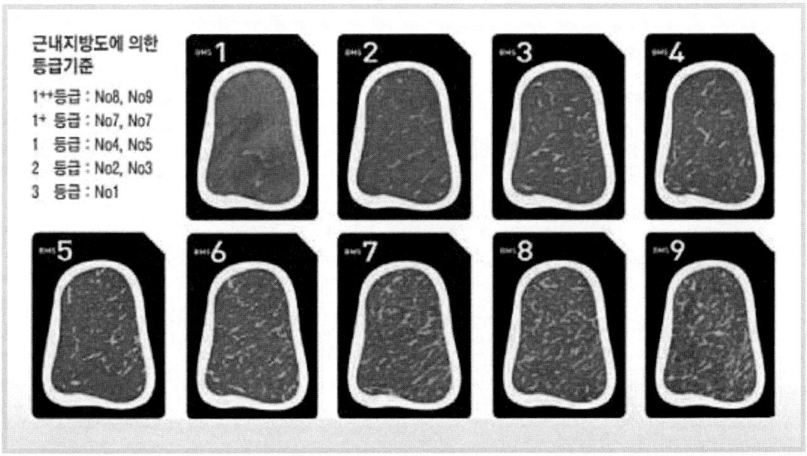

그림 : 근내지방도(마블링)에 의한 쇠고기 등급기준.(출처: 축산물품질평가원) 8번이나 9번처럼 근육에 지방이 촘촘히 박혀 있어야 1++등급 판정을 받을 수 있다.

초이스, 셀렉트, 스탠다드 등으로 나뉜다. 2007년부터 2009년까지 3년간 미국의 쇠고기 품질등급 비율을 보면, 60% 이상의 쇠고기가 초이스 등급 이상의 판정을 받았다. 이처럼 마블링은 목축업자들이 생산과정에서 매우 중시하는 요소다.

한국의 쇠고기 등급도 미국과 거의 비슷하다. 육질등급과 육량등급을 구분하여 판정하고 있다. 육질등급은 고기의 질을 근내 지방도(마블링), 육색, 지방색, 조직감, 성숙도에 따라서 1++등급, 1+등급, 1등급, 2등급, 3등급, 등외(D)로 판정한다. 육량등급은 도체屠體에서 얻을 수 있는 고기의 양을 도체 중량, 등지방 두께, 등심 단면적을 종합하여 A, B, C 등급으로 판정한다.

한우는 덩치가 작은 소형종인데다 주로 논이나 밭을 가는 농경 목적으로 사육해왔기에 살이 많이 찌지 않는다. 그러나 고기를 얻기 위한 식용으로 사육하기 시작하자 상황이 급격히 바뀌었다. 1974년만 하더라도 거세를 하지 않은 18개월령 한우 수소의 평균 체중은 289.6㎏에 불과했으나, 2004년엔 무려 542.2㎏이나 되었다. 30년 만에 몸무게가 거의 2배로 불어난 것이다. 특히 1992년 이후 쇠고기 등급판정제를 통해 품질을 평가하고 가격을 매기는 시스템이 도입된 이후 집중적으로 곡물사료를 먹여 지방이 많아지고 살이 불어났다.

한우의 몸집이 커지고 육질을 개량한 결과, 2000년 이전에 5% 미만이던 1+등급 이상의 비율이 10년 만에 30% 이상으로 늘어났다. 요즘 유통되는 한우의 경우 1++ 등급이 유통량의 10% 정도이고, 1+

등급이 22%, 1등급이 31%나 된다. 1등급 이상이 무려 유통량의 63%에 이르는 것이다.● 이는 당연히 높은 등급을 받으려 한 노력의 결과이겠지만, 문제는 그 노력의 방향이 등급 판정의 기준에 따르는 것으로 강제될 수밖에 없다는 것이다. 즉, 다른 어떤 이유에 의해서가 아니라, 전적으로 카길·스위프트 등이 주축이 된 미국 축산업계의 이해관계를 위해서 마블링을 중심으로 한 품질 평가 기준이 마련되었단 얘기다.

● 축산업계에서는 한우의 몸집이 두 배로 불어난 변화를 '한우 비육 고급화 사업'의 성과라고 주장하지만, 일부에서는 오래전부터 외국소와 교잡종으로 '무늬만 한우'를 만들어낸 것이라는 의혹을 제기하고 있다. 육종 사업을 통해 한우의 몸집이 불어나는 과정에서 샤롤레, 헤어포드, 브라운스위스 같은 외국 소들과 한우의 교잡종이 한우로 둔갑되는 사례도 많이 있었다. 지난 2004년 중간상인들이 교잡종 암소를 집중적으로 수집하여 한우 정액으로 인공수정을 하여 한우로 판매하는 사례가 많아 논란이 된 적도 있다. 지금도 도축장에서는 소의 외모 심사를 통해 한우 여부를 판정하고 있다. 어쩌다가 DNA 검사를 통해 한우로 둔갑한 육우를 적발하여 호들갑을 떠는 정도다. 지난 2008년 학교에 급식 식자재로 납품한 한우 쇠고기를 수거해 DNA 검사를 했더니 서울 양천구의 한 중학교, 서울 구로구의 어느 초등학교, 경기도 남양주시의 모 고등학교, 경기도 수원시의 어떤 초등학교 등 여러 곳에서 교잡종이 적발되기도 했다. 미국산 쇠고기 수입에 맞춰 허술한 이력추적제를 나납하게 시행하다 보니 사육 단계, 도축 단계, 유통 단계, 판매 단계를 모두 거치면서 어느 한 곳에서도 가짜 한우를 잡아내지 못한 것이다.

소에게 풀만 먹일 경우 근육에 지방이 거의 들어차지 않는다. 옥수수나 콩을 원료로 한 곡물사료를 먹여야만 마블링이 생긴다. 카길은 미국 곡물수출의 25%를 점유하고 있는 세계 최대의 농식품회사다. 카길은 옥수수와 콩으로 기름을 짜고 남은 찌꺼기를 이용하여 곡물사료를 만들어 그야말로 '꿩 먹고 알 먹는' 수익을 올리고 있다. 소비자들이 입안에서 살살 녹는 꽃등심을 선호할수록 카길은 더 많은 곡물사료를 판매하여 수익이 눈덩이처럼 불어나는 구조다.

꽃등심이 생산되는 과정은 한국이나 미국이나 거의 똑같다. 고깃소들은 갓 태어난 송아지, 성장시키는 육성우, 살찌우는 비육우의

가축의 자연수명과 고기용으로 사육되는 가축의 평균수명 비교

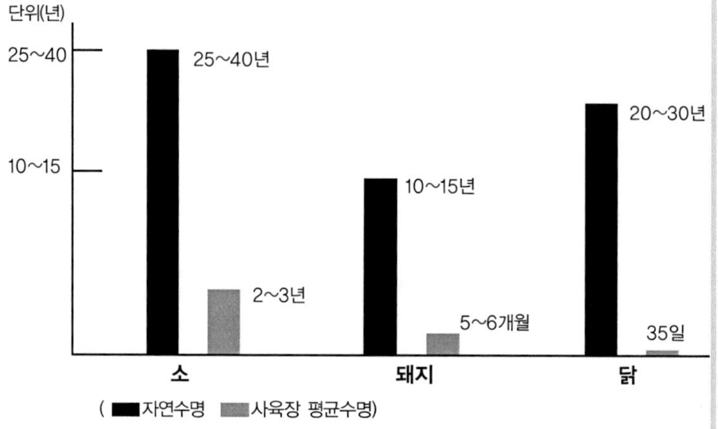

3단계를 거쳐 600*kg*이 될 때까지 2~3년 남짓한 일생을 산다. 소의 자연수명은 25~40년이지만 고깃소는 제명대로 살 수 없다. 소의 수명은 경제성과 사료효율(사료섭취 대비 몸무게 증가량)에 따라 결정된다. 가축시장에서 소값이 오르면 비육기간이 길어지기 때문에 수명이 늘어나지만, 소값이 떨어질 경우 재빨리 시장에 내다팔아야 하므로 그만큼 수명이 줄어든다.

미국의 경우, 번식용 암소와 젖소는 송아지를 낳고 우유를 짜는 동안 7~8년을 살다가 도축되어 고기로 팔려 나간다. 젖소가 생산하는 우유의 가격이 사료 값보다 적게 나와 경제적으로 수지타산이 맞지 않는 시점이 되면 사육업자들은 젖소를 도축장으로 보낸다. 한

우 암소는 15~18개월이 되었을 때 처음으로 번식을 시키고, 두세 번 송아지를 낳은 후 도축시킨다. 따라서 한우 암소의 평균수명은 4~5년이다. 국내에서 사육되는 젖소는 보통 5~6년령 이후 도태시킨다.

1단계 : 송아지

어미 소의 자궁 속에서 270일~280일이 지나면 송아지가 태어난다. 태어날 때 몸무게는 30~50㎏. 생후 1~3개월은 초유, 전유, 대용유를 먹는다. 초유는 출산 직후 72시간 이내에 나오는 젖인데, 면역성분이 풍부하게 들어 있다. 전유는 소젖을 말하고, 대용유는 어미젖 대신에 송아지에게 먹이는 분유이다. 대용유엔 탈지분유 외에도 소의 혈액에서 추출한 혈청단백질, 농축된 콩단백, 지방, 비타민 등이 포함된다.

대부분의 송아지들은 태어나서 아주 잠깐 동안만 어미젖을 먹을 수 있다. 태어난 지 3~4일 된 송아지들에게는 분유나 대용유를 먹인다. 되새김질하는 반추위를 늘이기 위해 생후 한 달 된 젖먹이 송아지에게 곡물사료를 추가적으로 먹이기 시작한다. 약간 운이 좋은 송아지들은 한두 달 정도 어미젖을 먹고 자랄 수도 있다.

생후 3~4개월이 되면 송아지 체중이 90~110㎏으로 늘어나는데, 이때부터 사료를 본격적으로 먹인다. 국내에서는 이 시기에 송아지 거래가 많이 이루어진다. 본격적으로 공장식 사육시스템이 시작되는 것도 이 시기다. 수컷 송아지는 예전에는 주로 3~4개월령에 거세를 했으나, 최근에는 주로 7개월령에 거세를 한다.

목초지가 풍부한 미국에서는 몸무게가 160~270*kg* 되는 6~8개월령까지 방목을 하는 경우가 많다. 그나마 소에게 가장 행복한 시기라고 볼 수 있다. 하지만 송아지들은 곧이어 미국 내 약 815개 축산물경매장으로 팔려간다. 만일 미식가들을 위한 송아지 고기로 팔려간다면, 체중이 150~200*kg* 되었을 때 도축되기 때문에 수명은 겨우 6개월에 그친다.

2단계 : 육성우

축산물경매장에서 구입한 6~8개월령 송아지들은 몸무게가 320~410*kg*에 이르는 12~14개월령까지 목초지에 방목을 하면서(양돈이나 양계의 경우와는 달리, 임신기간이 길고 성숙할 때까지 많은 시간이 걸리는 소의 생리적 특성상 송아지와 육성우 단계에서는 밀집사육이 곤란하다.) 곡물사료를 먹인다. 처음엔 주로 야생목초를 주다가 소화기관이 발달하면서 점차 옥수수·밀·콩과 같은 곡물사료의 비율을 높인다. 국내에서는 체중이 280*kg*에 달하는 12개월령까지를 육성기라고 하는데, 주로 볏짚, 수입 건초, 곡물사료를 준다.

3단계 : 비육우

본격적으로 곡물사료를 투여해서 마블링이 환상적인 꽃등심을 만드는 단계라고 할 수 있는데, 공장식 축산업의 핵심 공정이다. 체중이 400~600㎏이 될 때까지 3~5개월 동안 하루에 두세 차례 곡물 사료를 먹여서 살을 찌운다. 곡물사료는 옥수수와 콩을 기본으로 항생제·비타민·미네랄 등을 섞어서 만든다. 또한 살을 빨리 찌우기 위해서 성장촉진용 호르몬을 투여하기도 한다. 소는 더 좋은 고기가 되기 위해, 엄선된 영양식에 약까지 먹어가며 살이 뒤룩뒤룩 찌는 것이다. 이 기간 동안 비육우는 하루에 몸무게가 무려 1.5㎏씩이나 늘어난다. 체중 1㎏ 증가에 약 8㎏의 사료가 필요하므로, 비육우 한 마리가 매일 12㎏의 곡물사료를 먹어치우고 있는 셈이다.

미국에서는 보통 도축장으로 보내는 비육우의 평균 연령이 16~20개월령이다. 한국에서는 24~30개월 동안 키운 후 도축한다. 한우는 소형종이라 성장이 늦은 편이기 때문에 미국산이나 호주산에 비해 사육기간이 5개월 더 길다. 하지만 30년 전과 비교해볼 때 한우의 몸집은 2배나 불어났다. 1974년에 18개월령 한우의 평균 몸무게는 289.6㎏에 불과했으나, 2007년에는 566.6㎏이었다.

곡물사료의 원료는 유전자조작 옥수수와 콩

미국과 한국의 가축들은 유전자조작 곡물로 만든 사료를 매일매일 먹는다. 사료에 유전자조작 여부를 표시하는 EU 등 일부 국가를 제외하면, 다른 나라의 사정도 비슷할 것이다. 2007년을 기준으로 유전자조작 옥수수는 전세계 옥수수 교역량의 77%를 차지하고 있으며,

전체 콩 교역량의 91~94%가 유전자조작 콩이다. 사람이 먹는 식용유도 대부분 유전자조작 콩을 원료로 하는 마당에 가축들이 사람보다 더 고급스러운 사료를 먹을 확률은 0이라고 봐도 무방할 것이다.

우리나라는 사료용 곡물의 자급률이 낮아 대부분 수입하고 있다. 유전자조작 옥수수는 2007년을 기준으로 국내 사료용 옥수수 수입량의 약 66%에 이른다. 또한 미국·아르헨티나·브라질 등 주요 수출국은 대부분 유전자조작 곡물과 비유전자조작 곡물을 구분조차 하지 않는다. 미국에서 재배되는 콩의 94%, 옥수수의 88%가 유전자조작 종자로 사실상 거의 다 유전자조작 곡물이다. 아르헨티나는 아예 구분관리가 거의 없으며, 미국에서도 유전자조작을 하지 않은 곡물이라고 구분해서 관리되는 물량은 5~7%에 불과하다.

더욱 우려스러운 점은 유전자조작 종자는 농약·살충제·제초제와 패키지로 묶여서 판매되고 있다는 사실이다. 예를 들면, 독성이 강한 성분인 글리포세이트가 함유된 제초제 '라운드업 레디'를 뿌리는 농부라면 반드시 이 제초제에 내성이 강한 '라운드업'이라고 하는 유전자조작 콩 종자를 심어야 한다. 왜냐하면 다른 콩 종자는 이 제초제를 뿌리면 모두 말라 죽어버리기 때문이다.

미국유기농센터는 미국에 유전자조작 작물이 상업적으로 처음 도입된 1996년부터 13년 동안 제초제 사용량이 가파르게 상승했음을 농무부 자료를 통해 밝혀냈다. 특히 옥수수·콩·면화 등 3가지 유전자조작 작물 농사에 사용된 제초제 사용량은 2008년 들어 전

년대비 48%나 증가했다. 농약사용량도 2007년에는 20%, 2008년에는 27%나 증가했다. 이렇게 유전자조작 작물의 농약사용량이 엄청나게 증가한 이유는 라운드업 내성 잡초가 급격하게 많이 나타났기 때문이다. '슈퍼 잡초'라고도 불리는 돼지풀이나 말풀 같은 이 괴물 잡초들은 세계에서 가장 많이 팔린 제초제인 라운드업을 마구 쏟아부어도 죽지 않고 살아남으며 미국의 드넓은 옥수수밭 곳곳에서 자라나고 있다. 이런 괴물 슈퍼 잡초들이 유전자조작 작물과 함께 세계로 수출되어 여러 나라로 퍼져나갈 우려도 있다.

농민들은 이 슈퍼 잡초를 죽이기 위해 더 많은 제초제를 뿌렸다. 그래도 잡초들은 살아남아서 며칠 만에 1m씩 쑥쑥 자라기도 했다. 따라서 수확량은 줄어들고, 토양과 대기와 하천의 오염은 더욱 심각해졌다. 농약사용량이 많은 우리나라에서도 어지간한 제초제에는 꿈쩍도 하지 않는 물옥잠, 물달개비, 올챙이고랭이, 방동사니 등 슈퍼 잡초들이 계속 나타나고 있다.

글리포세이트 사용량은 1996년에서 2008년에 이르는 12년간 면화 농장에서 3배, 콩 농장에서 2배, 옥수수 농장에서 39% 증가했다. 유전자조작 곡물에는 독성이 강한 농약이 더 많이 사용되었으므로 농약의 잔류 가능성이 높은 것 역시 당연하다.

그 곡물이 가축 사료가 되면 쇠고기·돼지고기·닭고기·우유·계란 등에 농약이 쌓이게 된다. 농약에 들어 있는 계면활성제는 인체에 축적되면 체내 유전자 변형을 일으킬 수 있고, 이런 일들이 반복되면 암이나 만성적인 질병으로 이어지기 쉽다.

소를 먹는 소가 돼지·말·닭까지 먹다

소는 원래 풀을 뜯어 먹고 되새김질을 하는, 4개의 위를 가진 반추동물이다. 육식동물은 영양분이 농축된 먹이를 쉽게 소화할 수 있기 때문에 작고 단순한 위를 가지고 있다. 그러나 초식동물이 뜯어 먹는 풀은 소화가 어렵고 영양가가 낮다. 그래서 풀을 한꺼번에 많이 뜯어 먹고 저장하기 위해서 위가 여러 개가 있는 것이다. 그런데 소에게 곡물사료를 먹일 경우 반추위 내부가 산성화되어 유익한 미생물이 죽게 된다. 이러면 반추위가 가스로 꽉 차서 부풀어 오르기도 한다. 심할 경우, 폐를 압박해서 질식사할 수도 있다. 공장식 축산업자들은 소가 곡물사료를 먹고 가스가 많이 발생해 질식해서 죽는 것을 막기 위해 항생제를 사료에 섞어서 먹이고 있다.

곡물사료와 항생제를 먹은 소의 위장에서는 소화를 도와주는 유익한 미생물이 죽어 없어지는 반면, 사람에게 식중독을 일으키는 병원성 대장균 O-157 같은 해로운 대장균은 득실거린다. 미 농무부는 1998년 미국의 공장식 비육장에서 곡물사료로 사육되고 있는 반추동물의 5%가 O-157균을 가지고 있다고 발표했다. 10년 후에는 그 수치가 더욱 늘어나 무려 40%의 소가 O-157균을 가지고 있는 것으로 밝혀졌다. 일반적인 대장균보다 독성이 강하고 해로운 대장균이 늘어난 이유는 항생제를 마구잡이로 투여해서 세균이 더 강력하게 변했기 때문으로 보인다.

더 끔찍한 일은 더 빨리 살을 찌우고 더 많은 우유를 짜내기 위해서 초식동물인 소에게 동물성 사료까지 먹이고 있다는 사실이다. 광우병 사태가 발생하기 전까지는 소에게 소의 사체에서 뽑아낸 육골분肉骨粉 사료를 먹이는 것이 '과학축산'이었다. 사람에게 사람 고기를 먹이는 것과 같은 끔찍한 일을 더 좋은 고기를 만든다는 명목으로 아무렇지도 않게 소에게 행한 것이다. 그 결과 광우병이라는 재앙이 일어났다.

미국에서는 1997년부터 소에게 반추동물에서 추출한 육골분 사료를 먹이는 것이 금지되었지만, 여전히 미국의 소들은 자신의 동족을 잡아먹고 있다. 소에게 소의 지방조직에서 채취한 기름인 우지牛脂, tallow와 소의 혈액에서 추출한 동물성 성분을 먹이는 일이 계속되고 있기 때문이다.

뿐만 아니라 소는 돼지·닭·말까지 먹고 있다. 미국에서는 소에게 돼지·닭·말의 뼈와 고기에서 뽑아낸 육골분을 먹이는 것이 예외적으로 허용되어 있다. 게다가 돼지 피, 닭 피, 말 피, 계란, 물고기 살과 뼈, 닭장 쓰레기 등을 모아서 소 사료를 만들고 있다. 닭장 쓰레기 속에는 닭이 먹다가 흘린 소 사체로 만든 육골분 사료, 닭똥, 닭 깃털, 깔짚 등이 섞여 있다. 결국 여전히 미국에서는 죽은 소를 갈아서 살아 있는 소에게 먹이는 동종식육同種食肉이 계속되고 있는 셈이다.

유전자조작 성장호르몬으로 대량 생산되는 우유

축산업자들은 소를 빨리 살찌우기 위해서 곡물을 먹일 뿐 아니라 성장호르몬을 다량 투여하기도 한다. 2007년 미 농무부의 조사에 따르면, 미국 내 대규모 젖소농장의 42%에서 소 성장호르몬을 사용하고 있다고 한다. 몬산토사社는 유전자조작으로 소의 성장호르몬을 대량생산하는 기법을 특허 출원하여 '파실락Posilac'이라는 상품을 개발해 판매해왔다. 파실락은 최초로 상업화에 성공한 유전자조작 상품이라고 볼 수 있다.

그러나 미국 소비자단체들이 10년간에 걸쳐 파실락의 안전성에 대해 문제제기를 해온 끝에 몬산토는 2008년 8월 미국 내 판매 중단을 발표했다. 그러고는 곧바로 엘란코사社에 3억 달러를 받고 파실락의 특허를 팔아치웠다. 엘란코는 다국적 거대 제약사인 엘리릴리•의 자회사이다. 엘란코는 몬산토로부터 약 2억 달러에 달하는 전세계 유전자조작 소 성장호르몬 시장(2008년)의 90%가량을 점유했던 상품을 고스란히 넘겨받은 것이다.••

• 엘리릴리는 우울증치료제 '프로작'의 부작용을 약품 출시 전부터 알고 있었음에도 이를 은폐했다는 의혹이 제기되어 파문을 일으킨 바 있다. 프로작은 지금까지 가장 많이 팔린 5대 약품 중의 하나로 손꼽히는데, 신체적 불안정과 패닉을 유발하는 부작용이 있다.

•• 한국의 LG생명과학도 1994년부터 유전자조작 소 성장호르몬을 개발하여 '부스틴(BST)'이라는 이름으로 시판하고 있는데, 세계 시장의 10%를 차지한다. 2011년 부스틴의 총 매출액은 197억 원이었으며, 국내 판매액은 3억3700만 원이었다. 엘란코사의 파실락은 국내에서 9200만 원어치가 판매되어, 국내 유전자조작 소 성장호르몬 시장의 27% 정도를 점유하고 있는 것으로 알려졌다. 국내의 젖소, 한우, 육우를 사육하는 축산농가에서 상당한 양의 유전자조작 소 성장호르몬을 사용하고 있다는 것을 알 수 있다. 소비자의 건강과 안전을 위해서는 유럽이나 일본처럼 성장호르몬의 사용을 금지하는 것이 최선이겠지만, 소비자의 알 권리와 선택권을 위해서 최소한 축산품에 성장호르몬을 사용했다는 것을 알리는 표시제라도 시행할 필요가 있다.

유전자조작 소 성장호르몬을 사용하면 우유 생산량은 평균 11%~16% 증가한다. 그러나 그보다 더 심각한 부작용이 발생한다. 유방염 위험이 25% 증가하고, 수정 능력이 40% 감소하며, 다리를 절름거리는 파행증상이 나타날 가능성이 55% 증가한다. 이렇게 젖소에 문제가 생기면 경제적 손실이 일어날 테지만, 그럼에도 우유 생산량 증가로 인한 경제적 수익이 이를 상쇄해준다. 더구나 부작용이 나타난 젖소는 도축하여 고깃소로 팔아먹을 수도 있기 때문에 소 성장호르몬을 계속 사용하고 있는 것이다.

그러나 문제는 소 성장호르몬이 젖소의 건강뿐만 아니라 그 젖소의 우유와 고기를 섭취한 인간의 건강도 위협할 수 있다는 점이다. 파실락과 부스틴에 들어 있는 인슐린유사성장인자1IGF-1이 인간의 유방암·전립선암·폐암·대장암 등의 발생 위험을 증가시키고 있다는 주장이 지속적으로 제기되고 있다. IGF-1은 모든 세포의 증식을 촉진한다. 즉, 이 호르몬은 암세포 또한 증식시킨다. 유전자조작 소 성장호르몬 주사를 맞은 소의 우유는 정상적인 소에서 짠 우유보다 IGF-1이 무려 2배에서 10배가량 많이 포함되어 있다. 폐경기 전 여성의 혈액에서 극히 소량의 IGF-1만 증가해도 유방암 발생률이 무려 7배나 높아진다.

이러한 이유 때문에 유럽연합 27개국, 캐나다, 호주, 뉴질랜드, 일본 등에서는 파실락이나 부스틴 같은 소 성장호르몬의 사용을 금지하고 있다. 미국과 한국에서도 공중보건 전문가들과 소비자들이 소 성장호르몬의 사용을 중단할 것을 지속적으로 요구하고 있다. 2009년 12월 미국공중보건협회APHA는 쇠고기와 우유를 생산하기 위해서 소 성장호르몬을 사용하는 것을 반대하기로 결정했다. 5만 명의 공중보건 전문가들을 대표하는 전세계에서 가장 오래되고 가장 큰 공중보건 전문가 조직이 그런 결정을 내린 것이다. 지난 2008년에는 미국의사협회의 전임 대표가 모든 회원들에게 병원에서는 유전자조작 소 성장호르몬을 사용하지 않은 우유만을 사용할 것을 요청하기도 했다.

환상적 마블링을 위해 꽁꽁 묶인 소들

살을 찌우는 비육 과정은 공장식 축산업의 핵심 공정에 해당한다. 유럽연합의 가축건강 및 복지 과학자문위원회는 2001년 4월 비육 공정을 이렇게 설명했다. "대부분의 소들은 목초지에서 삶을 시작한다. 그러나 도살 전 체중을 증가시키기 위하여 삶의 마지막 몇 주간은 움직임을 제한하는 비좁은 사육장에 갇혀 지내며, 체중조절 때문에 인공사료만을 먹이로 공급받는다. 좁고 비위생적인 환경에서 지내다가 오물에 뒤덮인 채로 도살장까지 이동하게 되는 경우가 대부분이다."

비육장에서는 마블링이 환상적인 꽃등심을 생산하기 위해 소를 최대한 움직이지 못하게 한다. 과학적 계산법에 따르면, 소들이 조금이라도 운동을 하면 열량이 소모되어 살이 빠지게 된다. 그래서 옴짝달싹도 못하게 수천 마리의 가축들을 좁은 우리 속에 밀어 넣고 밀집사육을 시킨다. 소들은 우리 속에서 감옥살이를 하면서 몸속의 지방을 늘려간다. 운동은커녕 몸을 움직이거나 고개를 돌리는 것조차 힘들다. 교도소의 깜깜한 징벌방에 갇힌 죄수처럼 햇볕도 쬐기 어렵다. 그 대신 곡물

사육상자 속 젖소 송아지. 목줄에 묶인 채 병들어 쓰러져 있다.

사료에 비타민, 무기질 같은 성분을 섞어 먹여 부족한 성분을 보충한다.

송아지 고기용 비육방식은 최악으로 비참하다. 송아지는 태어나자마자 어미에게서 강제로 떼어져서 나무로 만든 0.76평짜리 사육상자에 갇히게 된다. 송아지는 아주 비좁고 어두운 상자에서 밖으로 한 번 나와 보지도 못한 채 5개월 남짓한 짧은 생을 마감한다. 송아지 고기는 빛깔이 연할수록 높은 값을 받기 때문에 철분을 거의 뺀 대용유만을 먹인다. 고기 빛깔을 연하게 하려고 인위적으로

빈혈을 일으키는 것이다.

그러면 송아지는 본능적으로 부족한 철분을 보충하려고 나무 상자를 물어뜯거나 자신의 털과 배설물을 핥아 먹으려 한다. 그래서 이를 막으려고 목에 줄을 묶어 고개조차 돌리지 못하게 만든다.

영국은 1990년부터 이 송아지 사육상자 방식을 전면적으로 금지했으며, EU는 2007년부터 금지했다. 하지만 미국은 여전히 이 방식을 고수하고 있다. 우리나라는 어떨까? 국내에서는 송아지 고기 생산을 거의 하지 않기 때문에 송아지 고기는 대부분 수입에 의존한다. 다만 젖소의 경우는 "젖소송아지 사육에 알맞은 환경조성과 우수한 착유우 육성으로 원유생산량 극대화 및 농가소득 증대를 위한다"는 명분으로 정부가 앞장서서 사육상자 보급을 실시하고 있다. 2006년 10월 11일자 『제민일보』를 보면, 제주시가 사업비 1250만 원을 투입하여 10곳의 농가에 표준형 젖소송아지 사육상자 25개를 보급할 예정이라는 소식을 전하고 있다. 표준상자는 높이 1.3*m*에 가로 1.2*m*, 세로 1.5*m* 크기로 제작되었다. 국내 표준상자는 0.54평으로 유럽에서 금지된 송아지 사육상자보다 더 비좁다.

정부는 2011년 말~2012년 초에 소값이 폭락하자 송아지 고기 상업화를 추진하기 시작했다. 육우가격 안정을 위해 송아지 1000마리를 사들여 6개월이 되었을 때 도축하겠다는 것이다. 정부는 송아지 고기 생산비를 최소화할 수 있는 사양飼養관리 방법, 송아지 고기에 대한 소비자 선호도 등에 대한 연구, 대대적인 시식회 등을 추진해 송아지 고기가 우리 식문화의 한 부분으로 자리매김하도록 그 기반을 마련하겠다고 밝혔다. 그건 결국 생산비를 최소화하기 위해 송아지 사육상자 보급으로 이어질 것이 뻔해 보인다.

2 삼겹살을 좋아하는 당신이 모르는 이야기

삼겹살 공화국

지난 구제역 파동 때 값이 곱절로 뛰어올라 '금겹살'이라는 별명을 얻기도 했던 삼겹살. 외국인들에게 한국을 대표하는 음식의 지위에 오르기도 했다. 서울시가 2011년 9월부터 10월까지 약 2000명의 외국인을 대상으로 '서울의 맛있는 먹거리'에 관한 설문조사를 실시한 결과, 삼겹살이 1위로 뽑혔다. 그래선지 먹자골목을 걷다 보면 대한민국은 '삼겹살공화국'이라는 생각이 절로 든다. 음식점마다 와인숙성 삼겹살, 호박통 삼겹살, 된장 삽겹살, 고추장 삼겹살, 허브 삽결살, 카레 삼겹살, 매실 삼겹살, 복분자 삼겹살, 대나무통 삼겹살, 볏집구이 삼겹살, 솥뚜껑 삼겹살, 연탄구이 삼겹살, 무쇠판 삼겹살 등을 크게 홍보하면서 식객들을 유혹한다. 여기에다 어느 TV 맛 프로그램에서 방송되었다는 현수막을 내걸거나 '원조' 또는 '진짜 원조' 같은 간판을 달거나 유명 연예인 누가 다녀갔다는 사진이나 사인을 게시해놓기도 한다.

현재 지구에는 7억 마리가 넘는 돼지가 사육되고 있다. 중국에서 4억 마리를 기르고 있으므로, 전세계 돼지 중 절반 이상이 중국에 있는 셈이다. 그 다음으로 유럽연합 27개국 1억6000만 마리, 미국 6800만 마리, 브라질 3200만 마리 순이다. 우리나라에서 사육되는 돼지는 2010년 12월 기준 998만 마리로 세계 10~11위권이다.

그런데 우리나라의 돼지고기 수입은 세계 5위에 해당한다. 세계에서 돼지고기를 가장 많이 수입하는 나라는 일본으로 2008년 한 해에 124만8000톤을 수입했다. 일본이 전세계 수입 돼지고기 다섯 마리 중 한 마리를 가져가는 셈이다. 2위인 러시아의 수입량은 94만 톤, 3위 멕시코는 54만 톤, 4위 중국은 48만 톤, 5위 한국은 46만 톤을 수입하고 있다. 돼지고기는 미국, 유럽연합, 캐나다, 브라질이 세계 4대 수출국이다. 이들 네 나라가 전세계 수출량의 90%를 차지하다 보니 구제역 발생이나 곡물가격 상승 등으로 인한 몇몇 수출국이나 수입국의 상황 변화가 곧바로 국제 돼지고기 가격을 출렁이게 할 수 있다.

2010년 우리나라 국민 한 사람이 1년 동안 소비한 돼지고기는 19.1*kg*이었다. 1970년에는 2.6*kg*이었으니, 40년 사이에 1인당 소비량이 7배 넘게 많아진 셈이다. 돼지고기 소비량의 절반이 삼겹살이므로, 1인당 9.55*kg*의 삼겹살을 먹어치웠다는 얘기다. 200*g*을 1인분으로 계산한다면 모든 국민들이 1년 동안 각각 48인분씩을 먹었으며, 1년 52주로 계산해보면 모든 국민들이 거의 매주 1인분씩 소비한다고 할 수 있다. 이 계산에서 채식주의자, 스님, 영유아, 환자, 죄수 등을 뺀다면 실질적인 1인당 삼겹살 소비량은 훨씬 더 많을 것이다.

그러나 삼겹살의 그 고소함 뒤에 무엇이 자리하고 있는지를 알고도 여전히 삼겹살을 맛있게 먹을 수 있을지는 모르겠다.

'꿀꿀이'가 전해준 돼지의 일생

멧돼지의 피를 물려받은 '꿀꿀이'의 먼 조상은 약 1만 년 전 사람들에게 붙잡혀 가축이 되었다. "유목민들의 가축은 양이고, 농경민들의 가축은 돼지"라는 말처럼 돼지의 가축화는 인류의 정착생활과 더불어 시작되었다.

꿀꿀이는 3개월 3주 3일(평균 114일~116일) 동안 어미의 자궁에서 편안한 삶을 살다가 세상에 태어난다. 여기까지는 먼 조상 때와 다를 바 없다. 그러나 오늘날의 꿀꿀이는 태어나자마자 몇 대의 주사를 연달아 맞는다. 그러곤 느닷없이 송곳니가 잘려나간다. 너무 갑자기 당한 일이라 경황이 없는데 이번에는 다시 귀에 칼자국으로 표식이 새겨지고, 마취도 없이 꼬리까지 싹둑 잘려나간다.

이런 의식을 치르고 나서야 꿀꿀이는 겨우 어미 곁으로 돌아와 어미젖을 빨아먹는다. 20일 남짓 어미 품에서 젖을 먹는 동안은 육중한 어미에 깔려 죽지만 않는다면 그나마 행복한 나날이라 할 것이다. 그런데 어미젖을 떼기가 무섭게 마취제도 없이 거세 수술을 당한다. 듣기로는 거세를 당하면 내시가 되어 궁궐로 들어가 평생 동안 배불리 먹을 수 있다니, 세상살이 한 달 만에 온갖 고초를 다 겪은 '꿀꿀이'는 지금까지 당한 고통을 보상받을 일만 남았으리라 기대에 한껏 부풀어 오른다.

그러나 기대가 크면 실망도 엄청난 법이라 했던가. 궁궐이라고 생각했던 보육 우리가 비좁기 그지없다! "정말 짜증 제대로다!"는 생각이 든다. 환기가 제대로 되지 않아 오줌냄새, 똥냄새, 사료냄새, 항생제냄새가 뒤범벅이 되어 우리 안에서는 숨조차 제대로 쉬기 힘들다. 보육 우리에서 두 달 남짓 생활하면서 몸무게가 25kg가량으로 불어나자 꿀꿀이는 육성돈사로 옮겨진다. 육성돈사는 깔짚도 없는 콘크리트 바닥이어서 보금자리를 꾸밀 수도 없다. 콘크리트 대신 철망이나 쇠파이프가 바닥에 깔려 똥, 오줌이 밑으로 빠지는 현대식 우리에서 살고 있는 친구들도 있다지만, 그런 곳도 결코 돼지들이 살 곳은 못 된다는 얘기도 들린다.

사람들은 돼지가 공동의 보금자리를 꾸미며 살아가는 사회적 동물이라는 사실을 모르는 것 같다. 돼지는 숲을 돌아다니다 땅을 파헤치며 먹이를 찾고 산보를 하는 낙으로 세상을 산다. 지능이 높기 때문에 보금자리에서 멀리 떨어진 곳에다 따로 자리를 마련해 화장실로 삼는다. 하지만 이 빌어먹을 공장식 양돈장에는 이런 배려가 전혀 없다. 먹고 자고 똥 싸고 오줌 누는 일 외에 다른 소일거리가 전혀 없다. 예전에는 무료함을 달래기 위해 다른 녀석들의 꼬리를 물어뜯기도 했는데, 지금은 어렸을 때 싹둑 잘린 이빨과 꼬리 때문에 그런 장난마저도 사치일 뿐이다. 그렇다면 먹는 즐거움이라도 있어야 하는데, 요즘 사료는 온통 유전자조작 곡물과 항생제가 범벅된 사료라서 도통 입맛도 당기지 않는다. 소의 사체를 갈아 만든 육골분 사료와 유전자조작 옥수수·콩 따위와 항생제를 버무린 배합사료에는 발암성 독극물인 포르말린 가루까지 뒤섞여 있다. 물맛은 또 어떻고. 다이옥신, 대장균, 중금속으로 오염된 물은 우리의 꿀꿀이가 먹어도 구역질이 절로 난다. 환경오염이 심각하다 보니 지하수를 파더라도 이런 물이 나오는 지역이 많다.

그나마 꿀꿀이가 이렇게 투덜거리면서 농장주가 꼬박꼬박 챙겨주는 사료와 물을 먹을 수 있는 날도 반년이 채 안 남았다. 왜냐하면 돼지고기용 품종은 몸무게가 90~100*kg*, 베이컨용 돼지는 몸무게가 100~110*kg*에 이르면 도살장으로 끌려가야 하기 때문이다. 돼지의 달력은 태어나서 도살장으로 끌려갈 때까지 빼곡한 스케줄로 채워져 있는데, 그 기간은 대략 6개월에 불과하다. 그러고 보면 개똥밭에 굴러도 저승보다 이승이 낫다는 옛말이 확실히 맞기는 맞는 것 같다. 한국의 고기용 돼지들은 일반적으로 몸무게가 110*kg* 정도가 되면 일생을 마치는데, 태어난 지 약 160~170일이면 죽는 것이다. 현대 공장형 양돈업은 그 이상 돼지를 기르는 것은 사료값, 약값, 난

제발 기절하게 해주세요

돼지의 죽음

※전국 23개 도축장 조사 / 자료: 도축시 동물복지 평가기준의 확립에 관한 연구(2009년)

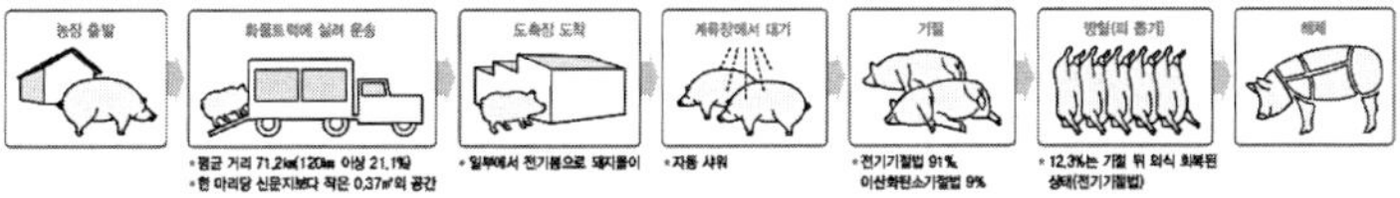

당신 가정(4인 기준)의 식탁을 위해 한해 64마리의 동물이 죽는다. 닭 7억2528만마리, 돼지 1463만마리, 소 75만마리 등 국내에서 한해 가축 8억1550만마리가 도축된다. 하지만 이들이 어떻게 죽는지에 대해선 잘 알려져 있지 않다.

국내에서 도축되는 돼지 10마리 가운데 1마리는 의식이 있는 채로 도살되는 것으로 나타났다. 돼지의 고통을 최소화하기 위해 먼저 기절을 시킨 뒤 온몸의 피를 빼는 방혈 작업을 시작하지만, 기절이 제대로 안 되거나 다시 깨어나는 개체가 10%를 넘는 것이다.

9일 〈한겨레〉가 입수한 '도축시 동물복지 평가기준 확립에 관한 연구'를 보면, 도축장에서 전기기절시킨 돼지 7089마리 가운데 12.3%인 874개체가 의식을 회복한 것으로 추정되는 상태에서 도축된 것으로 나타났다. 이 보고서는 농림수산식품부가 국내 최초로 2009년 전국 23개 도축장에 대해 동물복지 실태 조사를 벌인 결과다.

돼지는 각 농장에서 화물트럭에 실려 각 도축장으로 이동한다. 운송밀도가 높고 운송거리가 길수록 돼지의 고통은 커진다. 죽음을 앞둔 돼지는 덜컹거리는 화물트럭 위에서 몸을 움직일 수조차 없다. 돼지 한 마리가 서 있는 공간은 불과 0.37㎡, 신문지 한 장(0.43㎡)보다 작다. 이런 상태로 돼지들은 도축장까지 짧게는 7㎞, 길게는 237㎞를 실려간다. 평균 거리는 71.2㎞, 약 1시간30분 정도의 거리다.

도축장에 도착한 돼지들은 계류장으로 옮겨진다. 돼지들은 들어가지 않으려고 저항한다. 이때 전기봉이 사용된다. 전기봉을 맞은 돼지는 계류장으로 쫓겨간다. 지난해 대한양돈협회가 전기봉 사용이 육질을 떨어뜨린다며

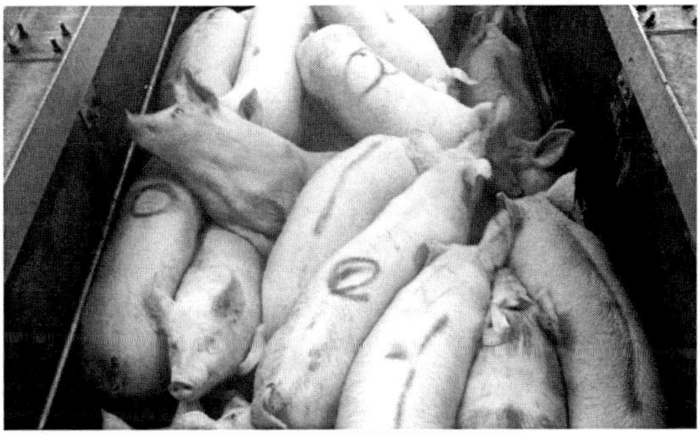
충북 음성군 삼성면 상곡리 농협중앙회 음성축산물공판장의 도축장 내 계류장에 도축 직전의 돼지들이 서로 엉켜 요동치고 있다.

화물트럭에 실려 최장 237km
돼지 10마리 가운데 1마리가 전기충격에도 깨어 있다
이산화탄소 쓰면 덜할텐데…

는 개체는 12.3%에 이르렀다. 전기기절 방식의 경우 돼지의 크기에 따라 완전히 기절이 안 되는 경우가 잦기 때문이다. 이산화탄소 방식의 경우 811마리 가운데 14마리로 1.7%에 불과했다. 농림수산식품부 관계자는 "이산화탄소 방식을 전면적으로 쓰는 곳은 제주 농협공판장 등 소수밖에 없고 다른 곳은 2~4마리를 넣는 편이지만, 민간이 운영하는 도축장의 경우 열악한 시설도 적지 않다. 정부는 현재 83곳인 소·돼지 도축장을 2015년까지 36곳으로 줄이는 구조조정을 추진중이다. 농림수산식품부 관계자는 "도축장이 대규모화되면 위생이나 동물복지 수준이 개선될 것"이라고 말했다.

일각에서는 구조조정만 기다리지 말고 정

이산화탄소 질식기를 사용하면 가축의 고통을 크게 줄일 수 있지만 도축업체는 비용과 편의를 이유로 도축과정에서 의식이 회복되는 확률이 높은 전기기절 방식을 고집한다. 『한겨레』 2012년 2월 11일

방비, 인건비 등을 고려할 때 경제적으로 낭비일 뿐이라고 가르친다.

현대 양돈장에서 10~15년에 이르는 자연수명을 다 누리는 팔자 좋은 돼지는 씨가 마른 지 오래다. 물론 일부 씨받이용 수퇘지들은 사형집행이 좀더 미뤄져 무기수로 살아갈 수도 있다. 물론 사형수에서 무기수로 감형시켜준 조건으로 인공수정을 위해 시도 때도 없이

강제적으로 정자 채취를 당해야 한다. 운 좋게도 꿀꿀이가 암컷으로 태어나 어미돼지가 되었다면 수명이 조금 연장된다. 하지만 사형집행 연기에는 조건이 따른다. 끊임없이 배란 촉진을 위해 호르몬 주사를 맞아야 한다. 새끼를 낳은 지 1주일 만에 배란 촉진 주사를 맞는 것은 살아남은 자의 슬픔이라고나 할까. 어미돼지는 생후 7개월경에 첫 교배를 시작하여 쉴 새 없이 예닐곱 차례 출산을 경험한다. 이후 번식 능력이 퇴화되는 3~4년차에 도축되어 값싼 고기로 팔려나간다.

도살장에서 맞이하는 최후는 꿀꿀이의 일생에서 최고로 끔찍한 순간이다. '인도적 도살에 관한 법'에는, 도살장의 쇠고리에 거꾸로 매달려 몸이 갈기갈기 찢어지기 전에 전기충격기로 돼지를 기절시켜야 한다고 적혀 있다. 그러나 한꺼번에 여러 돼지들에게 전기충격기를 쓰다 보니 기절하지 않고 맨 정신으로 죽음의 순간을 맞이하는 경우도 많다. 쇠고리에 꿰인 채 목을 찔려 피가 빠지는 그 순간을 맨 정신으로 맞이한다고 상상해보라. 그런 일을 서슴없이 저지르고 있는 인간들이 돼지들에게 '황금 돼지, 복덩이, 대박꿈'이라는 수식어를 사용하는 것을 보면 꿀꿀이는 구역질이 절로 나온다.

송곳니와 꼬리 자르기, 그리고 거세수술

가축 가운데 가장 완전한 치열을 가지고 있는 돼지는 28개의 젖

밀집생활 스트레스에 쇠 울타리를 물어뜯는 돼지. 공장산 사육은 스스로 유발한 돼지의 공격성을 꼬리와 송곳니를 절단하는 방식으로 해결했다.

니가 나는데, 위턱과 아래턱에 각각 3개의 앞니, 1개의 송곳니, 3개의 작은 어금니가 있다. 공장식 돼지농장에서는 새끼돼지가 젖을 빨면서 어미돼지의 젖꼭지에 상처를 입혀 유방염이 발생하거나, 새끼돼지들끼리 젖이 더 잘 나오는 젖꼭지를 차지하려고 싸우다가 다치는 것을 막기 위해 태어나자마자 송곳니를 잘라버린다. 최근에는 이빨이 잘린 새끼돼지가 초유 먹기를 거부하는 일이 잦아서 생후 2~3일에 송곳니를 자를 것을 권고하기도 한다. 돼지의 영구치는 모두 44개인데 대략 생후 6개월 무렵에 첫 영구치가 나온다. 보통 위턱과 아래턱의 첫째 어금니가 먼저 나오기 시작하며, 최소한 1년에서 1년 6개월 이상 되어야 영구치를 완전히 갖추게 된다. 허나 공장식 양돈농장에서 사육되는 대부분의 돼지들은 첫번째 영구치가 나올 무렵에 도축된다.

씨받이 수퇘지는 어금니 영구치가 턱에 깊이 박혀 있으며, 일생 동안 계속 자라면서 입 밖으로 돌출된다. 위아래 턱의 송곳니들이 서로 부딪히면서 마찰하여 날카로운 무기로 변할 수 있기 때문에 마취하고서 절단한다. 그러나 마취주사를 놓지 않고 그냥 움직이지 못하게 만든 후 커다란 절단기로 송곳니를 싹둑 잘라내는 경우도 많다.

돼지는 본디 사회성이 강한 동물로 무리지어 생활을 하며, 자신이 소속된 무리의 다른 돼지들과 긴밀한 유대감을 느낀다. 그러나 공장식 돼지농장에서는 비좁고 불결한 우리에 갇혀 지극히 따분하고 단조로운 생활을 하기 때문에 극심한 스트레스를 받는다. 이러한 상황에 놓인 돼지들은 다른 돼지의 꼬리를 물어뜯는 공격성을 나타낸다. 돼지의 공격성을 완화시키기 위해서는 야외운동을 시키거나 짚을 깔아주거나 사육밀도를 낮춰 스트레스가 적도록 해주어야 한다. 하지만 공장식 돼지농장에선 새끼돼지가 태어나자마자 꼬리를 잘라버려서 물어뜯을 꼬리를 아예 없애는 방식으로 대응하고 있다. 이렇게 하는 것이 더 큰 수익을 가져다주기 때문이다.

그리고 수퇘지 고기는 익힐 때 아주 고약한 노린내가 난다. 이를 '웅취'라고 하는데, 이걸 없애려고 대개 생후 5~7일을 전후로 거세를 한다. 거세수술은 거의 대부분 수의사의 전문적인 도움 없이 마취제도 사용하지 않고 농장노동자들이 하는 게 현실이다. 새끼돼지를 보정틀에 묶거나 그냥 사람이 돼지를 붙들고 고환을 제거하는 것이다. 거세를 한 수퇘지는 암퇘지보다 사료효율을 3~4% 떨어지지만, 사료를 8~10%가량 더 먹고 더 빨리 성장한다.

동물보호단체들은 그동안 이러한 비인도적인 축산 관행에 대해 비판해왔다. EU는 2012년 1월 1일부터 마취제를 사용하지 않는 돼지 거세수술을 금지했으며, 2018년까지 돼지 거세수술 자체를 금지하기로 지난 2010년 12월에 합의한 바 있다. 아직까지 합의가 성식 법령으로 채택되진 못했지만, 영국과 아일랜드에서는 이미 돼지 거세수술이 금지되어 있으며, 스페인과 포르투갈은 몇몇 영역에서 거세수술을 금지하고 있다. 이에 대한 대안으로 동물약품업계가 면역학적인 방법을 이용한 새로운 거세 방법을 개발해내기도 했지만, 이 거세백신 또한 비인도적인 동물학대를 예방할 수 있다는 긍정적 측면과 유전자 조작 육류 논란 같은 부정적 측면을 동시에 갖고 있다.

돼지 성장호르몬제와 성장촉진 사료첨가제

2010년 봄 중국에선 독돼지 파동이 일어났다. 중국 정부당국에서 조사를 해보니 돼지를 빨리 살찌우기 위해 금지된 약물을 사료에 타 먹인 것이었다. 문제의 약물은 중국에서 사용이 금지된 클렌부테롤과 락토파민이었다. 중국과 달리 우리나라에서는 락토파민은 성장촉진제로 사용이 허가되어 널리 사용되고 있다. 클렌부테롤은 우리나라에서도 사용이 금지된 약물이다.

클렌부테롤과 락토파민은 모두 기관지 천식이나 만성 폐색성 폐질환 치료에 사용하는 기관지 확장제이다. 이들 약물은 부작용으로 지방이 감소하고 근육이 증가하여 살을 찌우는 효과가 있다. 간혹 스포츠 선수들이 단기간에 근력을 강화하기 위해 이 약물을 몰래 사용하다 도핑테스트에 걸리곤 한다. 가축이나 사람이 이것들을 지나치게 많이 섭취하면 호흡이 빨라지고 말초혈관이 확장되며 신장 기능 이상을 초래할 수 있다. 또한 인간이 음식을 통하여 장기간 섭취할 경우 암·고혈압·당뇨가 발생할 우려도 있다.

락토파민은 미국의 엘란코사에서 '페일린Paylean'이라는 상품명으로 판매하며 축산업자들은 돼지의 살을 찌우기 위해 이를 사료에 첨가한다. 앞서 살펴보았듯이 엘란코는 소 성장호르몬인 파실락도 판매하고 있다. 미국에서는 1999년부터 페일린의 판매가 허가되었으며, 우리나라에서도 2001년부터 시판되고 있다. 병들어 아플 때 치료약으로 써야 하는 약을 단지 살을 찌우기 위해 사료에 섞어 먹일 수 있도록 허가한 것이다.

그러나 유럽연합, 중국, 대만, 말레이시아 등 세계 150개국에서는 락토파민의 사용 자체를 금지하고 있다. 2011년 1월 대만 정부당국은 미국산 및 캐나다산 돼지고기와 쇠고기에서 락토파민이 검출되어 육류수입을 중단시키기도 했다. 현재 락토파민의 시판이 허용된 나라는 미국, 한국, 캐나다, 호주, 브라질, 멕시코, 태국 등 20개국에 불과하다.

락토파민은 유전자조작 돼지 성장호르몬인 '리포신Reporcin'과 함께 투여할 때 살이 더욱 잘 찌는 효과가 있다. 리포신을 돼지에 투여할 수 있도록 허가된 국가는 호주, 말레이시아, 필리핀, 멕시코 4곳이다. 미국에서는 젖소에 성장호르몬제를 투여하는 것만 합법일 뿐, 비육우·돼지·닭·오리 등에 성장호르몬제를 투여하는 것은 불법이다. 우리나라에서도 각종 양돈 관련 책에 성장호르몬제를 소개하고 있긴 하지만, 돼지에 성장호르몬제를 주사하는 것은 불법이다.

1평에 10마리까지 몰아넣는 밀집사육

무리를 지어 군집생활을 하는 돼지는 추울 땐 서로 몸을 맞대고 더울 땐 멀리 떨어져 체온을 조절한다. 젖을 뗀 돼지를 제한된 공간에서 기를 때 처음엔 잘 자라지 못한다. 그러나 비육 말기로 가면 사육밀도에 따른 증체량增體量에 차이가 거의 없다. 오히려 넓은 공간에서 돼지를 사육할 경우 추위 스트레스로 인해 사료효율이 떨어지는 것으로 나타난다. 다만 지나치게 밀집사육을 하면 '카니발리즘', 즉 동종식육 현상이 나타난다. 돼지들은 극심한 스트레스를 받으면

가축 분뇨 발생량(2010.12 기준)

축종	사육두수 (1000마리)	1마리당 1일 배출량(kg)	발생량	
			1일(톤)	연간(1000톤)
한우	2992	13.7	40,990	14,961
젖소	430	37.7	16,211	5,917
돼지	9,881	5.1	50,393	18,393
산란계	61,691	0.12	7,403	2,702
육계	77,871	0.085	6,619	2,416
합계			121,616	44,389

서로 서로 꼬리나 귀를 물어뜯으며, 배꼽을 빨기도 하고, 옆구리를 깨물기도 한다.

현대과학은 돼지를 좁은 공간에 여러 마리씩 몰아넣고 대규모로 키우는 사육기술을 개발해왔다. 2010년을 기준으로 우리나라 돼지는 한 마리당 평균 0.43평의 공간에서 사육되고 있다. 농림부가 규정한 '가축사육시설 단위면적당 적정 사육기준'에 따르면, 비육돈의 경우 평당 3마리를 기를 수 있으나, 실제로는 10마리까지 사육하는 경우도 흔하다. 농장 규모가 커질수록 돼지 한 마리의 평균 사육면적이 줄어든다. 2010년 통계를 보면, 농장규모가 1000마리 미만인 경우 돼지 한 마리당 평균 면적은 0.57평이었지만, 5000마리 이상의 대규모 농장의 경우 마리당 0.39평에 불과했다. 다시 말해 농장규모

대규모 돼지농장이 배출하는 분뇨는 상수원 오염의 주범이기도 하다.

가 커질수록 사육밀도도 높아지는 것이다. 그럴수록 가축 오염물질 역시 집중 배출된다.

돼지 한 마리는 사람보다 대여섯 배나 많은 오염물질을 내놓는다. 2010년 우리나라에서 발생한 가축분뇨 4650만 톤 가운데 돼지 분뇨의 비중이 39%였다. 가축분뇨의 87%는 퇴비나 액비로 만들어지지만, 9%는 정화처리를 한 다음 방류하고 있다. 나머지 2%인 107만 톤은 바다에 그냥 버려졌고 2% 정도는 퇴비와 액비를 만드는 과정에서 자연적으로 줄어들거나 사라졌다. 바다에 버리는 가축분뇨는 대부분 돼지에게서 배출된 것이다.(2012년 1월부터는 런던협약에 따라 이런 해양투기가 전면적으로 금지됐다.)

돼지를 가두어 기르는 돼지우리는 똥오줌을 처리하는 방식에 따라 크게 슬러리 돈사와 스크래퍼 돈사로 나뉜다. 슬러리는 오줌과 똥이 섞인 형태를 말하는 용어로, 분뇨통 위에 돼지를 키우는 방식이다. 이 방식이 도입된 유럽에서는 슬러리를 자주 비워서 초지에 뿌려주기 때문에 환경문제와 돼지의 건강문제를 별로 일으키지 않는다. 반면 우리나라는 분뇨를 논밭이나 초지에 뿌리는 데 제한이 많기 때문에 슬러리를 자주 비우지 못한다. 그러다 보니 슬러리에 분뇨가 가득 차 있어 돼지의 건강과 농장 주변의 환경에 심각한 영향을 끼친다. 스크래퍼 돈사는 망 위에 돼지를 키우는 방식이다. 오줌은 분리되어 빠지고, 똥은 망 아래 바닥에 쌓인다. 바닥에 쌓인 변을 하루에 한두 번 정도 긁어내기scrape 때문에 스크래퍼라고 부른다. 2007년 말 기준으로 양돈농장 열 곳 중 일곱 곳 이상이 슬러리 돈사이고, 나머지는 스크래퍼 돈사인 것으로 나타났다. 상대적으로 더 나쁜 슬러리 돈사가 많은 비중을 차지하는 이유는 경제적 이유 때문이다. 스크래퍼 돈사는 자주 변을 치워줘야 하기 때문에 그만큼 더 많은 농장노동자가 필요하다. 인건비가 더 들어가는 것이다.

돼지의 건강을 위해서는 온도와 습도를 적절하게 조절해주고, 환기와 통풍을 원활하게 해주는 것이 중요하다. 우리나라의 돼지우리 형태는 개방식 돈사(윈치 돈사)가 77.2%를 차지하고 있다. 벽이 뚫려 있는 개방식 돈사는 윈치 커튼을 들어 올리거나 덮어 내리는 방식으로 온도, 습도, 환기를 조절하고 있다. 5000마리 이상을 사육하는 대규모 농가의 경우 75.4%가 무창 돈사이다. 무창 돈사란 창문이 없는 돼지우리로 내부 환경을 인공적으로 제어할 수 있도록 설계되었다. 이는 개방형 돈사에 비해 건축비용과 유지비용이 훨씬 많이 들지만 그만큼 더 많은 경제적 이윤을 보장해준다.

이와 같이 분뇨통 위에 돼지를 키우는 슬러리 돈사 위주의 축산 형태에서는 각종 악취와 이산화탄소, 암모니아 가스 등이 돼지우리로 올라올 수밖에 없다. 개방형 돈사에 밀집사육된 돼지들은 제대로 환기가 되지 않는 환경이어서 고질적인 폐질환을 앓게 된다. 지난 2011년 9월 20일에 실시된 농업진흥청 국정감사에서는 도축된 일부 돼지에서 폐출혈 · 폐농양 · 폐기종 등 각종 폐질환이 발견된 사실이 공개되기도 했다. 다시 말해 폐질환에 걸린 돼지의 고기가 시중에 유통되고 있는 것이다.

밀집사육의 심각성을 고질적인 소모성 질병으로 인한 높은 폐사율로 잘 나타난다. 지난 2007년 국내 농장에서 도축장으로 출하한 돼지는 1866만 마리였으며, 폐사한 돼지는 284만 마리에 이른다. 100마리의 돼지 중에서 13마리가 출하되기 전에 죽은 것이다. 국내 돼지의 폐사율은 2006년 11.9%, 2007년 13.2%, 2008년 12.6%, 2009년에 11.4%였다. 특히 우리나라의 새끼돼지 폐사율은 24.7%에 이르며, 이탈리아(15.0%)나 영국(16.5%), 네덜란드(17.2%) 등 유럽 국가들에 비해 월등히 높다. 그만큼 사육 환경이 열악한 것이다.

3 A4 한 장에 갇힌 통큰치킨의 외침

치킨 전쟁

우리나라의 치킨집은 5만 개가 넘는다. 인구 1000명당 치킨집이 하나씩 있는 셈이다. 이렇게 많은 치킨집들은 가격과 메뉴 두 가지 영역에서 치열한 경쟁을 벌이고 있다. 다른 치킨집과 차별화를 위해 저마다 후라이드 치킨, 양념 치킨, 간장소스 치킨, 오븐 치킨, 바비큐 치킨, 매운 불닭, 닭갈비, 닭찜 등의 새로운 메뉴를 개발하여 상품으로 내놓고 있다.

이 와중에, 그것도 구제역과 조류독감이 유행하던 2010년 12월에 롯데마트는 '통큰치킨'을 출시했다. 전국 롯데마트 82개점에서 판매한 통큰치킨의 가격은 단돈 5000원. 일반 치킨전문점에 비해 3분의 1 수준이었으며, 다른 대형마트에서 판매하던 가격보다도

30~40%가량 저렴했다. 그럼에도 닭의 무게는 외려 20~30%가량 늘렸다. 통큰치킨이 등장하자 5만 곳이 넘는 동네 치킨집들은 벼랑 끝으로 몰린 생존권을 지키고자 거세게 저항했다.

이 사태로 인해 이른바 82:50000의 싸움, 재벌기업 대 영세자영업자의 싸움이 여론의 주목을 받았다. 물론 치킨집들이 이렇게 치열하게 경쟁하게 된 이면에는 앞서 삼겹살집 사례가 그렇듯이 자영업자 비율이 지나치게 높은 우리 사회의 구조적 문제가 있다. 치킨집이 편의점보다 더 많으니 말이다. 그러나 사람들은 닭을 먹는 데만 관심이 었었지 그 닭들이 어떻게 사육되고 있는지에 대해서는 크게 관심을 기울이지 않았다. 지금부터 A4용지 한 장보다 좁은 공간에 살아가는 통큰치킨들(만이 아닌 모든 치킨들)의 외침을 들어보자.

생후 24시간 만에 살해되는 수평아리

닭은 아주 오래 전부터 인간과 친숙한 동물이다. 닭은 기원전 2500년 무렵 동남아시아에서 처음으로 가축으로 길들여졌다. 단군할아버지가 고조선을 건국했다는 시기보다도 더 오래전 일이다. 하지만 인간이 닭고기와 달걀을 대량 생산하기 시작한 것은 불과 200년 전인 1800년경부터다. 현재와 같은 방식의 공장형 닭농장은 1920년경 영국에서 처음 등장한 후 제2차 세계대전을 거치며 미국에서 급증했다.

닭의 자연수명은 20~30년 정도 되지만, 공장형 닭농장에서 천수를 누리기란 불가능하다. 공장형 닭농장은 크게 종계種鷄, 육계肉鷄, 산란계産卵鷄 농장으로 나뉜다. 종계 농장은 육계와 산란계의 병아리를 공급한다. 육계는 고기를 얻기 위한 닭인데, 국내에서는 1.5~1.8㎏의 몸무게가 될 때까지 약 35일 동안 사육한다. 우리나라는 오래 전부터 닭 한 마리를 통째로 먹는 식문화가 있었기 때문에 미국·중국·일본보다 사육일수가 훨씬 짧은 편이다.

미국이나 일본은 닭다리·닭날개·닭가슴살 등의 부위를 따로따로 요리해 먹는 식문화가 발달돼 있기 때문에 부분육 유통비율이 높다. 우리의 경우는 25%에 불과하지만, 일본은 70%, 미국은 90%가 부분육 상태로 유통된다. 부위별 판매를 하면 닭고기를 손쉽게 표준화할 수 있어 도축과 가공작업이 더 효율적으로 될 수 있다. 이렇게 현대의 육계산업은 아주 짧은 기간에 더 좁은 면적에서 보다 적은 사료와 노동력과 에너지를 투입해 더욱 많은 이윤을 뽑아내는데 오로지 집중하고 있다. 그래서 국내 양계업계, 유통업계, 외식업계는 부위별로 요리해먹는 새로운 식문화를 확산시키기 위해 다양한 홍보활동을 벌이기도 한다.

산란계 농장은 달걀을 얻기 위해서 닭을 기르는데, 국내에서는 산란계 한 마리가 1년에 330개의 알을 낳는다. 국내 양계업계에서는 산란계의 경제주령을 78주로 잡는다. 이 말은 약 20개월 정도가 되면 산란율이 떨어지기 때문에 도축해 닭고기로 판매하는 것이 더 이익이라는 뜻이다. 일반적으로 산란계 수평아리는 24시간 내에 목숨을 잃는다. 수평아리는 알을 낳지 못할 뿐더러 구이용 닭으로서 경제적 가치도 떨어지기 때문에 부화되자마자 가차 없이 살해되는 것이다. 최근에는 육계도 병아리 감별사가 암수 구별을 하는 추세다. 수평아리가 암평아리에 비해 빨리 크기 때문에 육계도 암수를 구별하여 사육하면 출하시기를 일정하게 맞추고, 사료 효율을 더 높일 수 있다. 물론 이 모든 과정에서 병아리나 닭의 고통과 그것이 결국 인간 건강에 미칠 해악에까지는 생각이 가닿지 못한다. 역시 표준화·효율화의 논리가 더 우선하기 때문이다.

그렇다면 우리나라 사람들이 한 해 동안 먹는 닭의 양은 얼마나 될까? 지난 2010년 전국 48곳의 가금류 도축장에서 무려 7억2500만 마리의 닭들이 도축되었다. 이 숫자는 2010년 당시 우리나라의 인구 4850만 명의 15배나 된다. 물론 도축된 닭들은 육계와 산란계를 포함한 숫자이다.

2010년 육계 평균 사육수는 8088만 마리이며, 2010년 12월 산란계 사육수는 6170만 마리였다. 실제로 한 시기에 살아 있는 닭들은 1억4000만 마리 정도인 셈이다. 닭은 돼지보다 생산주기가 훨씬 빠르므로 1년에 살아 있는 닭의 6배 정도를 도축할 수 있다. 달걀이 병아리로 부화되는 데 3주간의 시간이 필요하며, 육계 병아리를 키워서 도축할 때까지 35일 정도가 소요될 뿐이다.

농식품부 통계에 따르면, 우리나라 사람들은 2010년 1인당 10.4

*kg*의 닭고기와 11.8*kg*의 계란을 소비했다. 모든 국민이 2010년에 각자 닭 12마리씩을 먹은 셈이며, 이러한 소비를 위해 도축된 닭의 숫자가 무려 6억 마리나 된다. 6억 마리의 닭은 살코기 무게로 52만5000톤이다.● 1인당 고작 1.4*kg*의 닭고기를 먹었던 1970년과 비교하면 국내의 닭고기 소비량은 지난 40년간 7배가 늘어난 것이다.

● 그중 44만5000톤은 국내에서 생산되었으며, 9만9000톤은 외국으로부터 수입되었다. 닭고기 자급률은 85% 정도이며, 나머지 15%는 수입으로 충당하고 있다. 그러나 자급률 수치 자체만 보고서 국내 양계산업의 자립도가 높다고 평가하기는 어렵다. 사료를 대부분 외국에서 수입하고 있는데다, 외국산 육계 종자를 들여와 국내에서 공장식으로 사육한 것이라는 점을 고려해야 한다.

국내 양계농가는 3600곳에 불과하다. 한 곳의 농장에서 평균적으로 한 해에 무려 20만 마리의 닭을 도축장으로 보낸다는 얘기다. 통계상으로도 3만 마리 이상의 닭을 사육하는 농가가 54%나 된다. 농장의 규모가 대형화되면서 30%의 농가들이 전체 산란계의 75%를 사육하고 있다. 국내 양계산업이 한우나 양돈에 비해 공장형 축산으로 많이 진행된 데는 그 엄청난 소비량 폭증이 한몫했을 것이다.

밀집사육의 상징, 케이지

달걀을 공급하는 산란계들은 아파트처럼 주거 밀도가 높은 케이지에서 살고 있다. 사실 케이지와 아파트는 거의 비슷한 시기에 등장했다. 도시로 대규모 인구가 몰리면서 주택시설뿐만 아니라 음식재료의 수요도 급속도로 늘어났다. 그러한 수요에 따라 유럽과 미

배터리 케이지에서 사육되는 산란계는 만성적인 골다공증과 호흡기 질환, 피부병에 시달린다.

국에서 산업형 축산이 등장한 것이다.

케이지에 갇혀 사는 닭들은 평생 땅을 밟을 기회가 없기 때문에 바닥 헤집기나 알둥지 틀기를 하지 못하며, 횃대 오르기 등의 정상적인 닭다운 활동도 할 수 없다. 현재 미국에서 사육되고 있는 산란계의 98%와 한국에서 사육되고 있는 산란계의 95%가 케이지 시설에서 사육되고 있다. 1970년대 말 국내에 보급된 재래식 케이지는 2단 6마리용이었다. 현재 케이지 시설은 복층 8단에 6마리용, 9마리용으로 사육밀도가 훨씬 더 높아졌다.

철망으로 둘러싸인 배터리 케이지를 8단으로 높이 쌓은 산란계 축사에서 닭 한 마리가 차지하는 공간은 450㎠가 되도록 권장하고 있다. A4 복사용지 한 장의 면적이 623.7㎠라는 사실을 고려하면, 산란계가 얼마나 열악한 환경에서 살고 있는지 짐작할 수 있을 것이다. 미국의 동물복지 지침을 따르더라도 닭 한 마리가 확보할 수 있는 공간은 602.64㎠(가로 21.6㎝ 세로 27.9㎝)에 불과하다. 실제로 미국에서도 건물 한 동에 여러 단의 배터리 케이지를 쌓아놓고 3~10만 마리의 닭들을 밀집 사육하고 있다.

이 비좁은 공간에서 자라는 닭들은 1950년대의 닭들보다 3배나 빠르게 자라는 데 비해 사료는 3분의 1밖에 먹지 않는다. 그야말로 효율성의 극대화라고 할 수 있다. 그러나 닭들의 건강상태를 보면 사육시설이 아니라 병동이라고 불러야 할 정도다. 닭 10마리 중 9마리는 다리를 절름거리며, 4마리 중 1마리는 뼈 관련 질환으로 고통을 받고 있다. 얇은 다리로 불어나는 몸집을 감당할 수 없는 지경인 것이다. 게다가 닭들은 바닥의 닭똥더미에서 나오는 암모니아 가스 때문에 일상적으로 호흡기 질환을 앓게 되며, 눈에서 나오는 진물 때문에 시력을 잃기도 한다. 끊임없이 케이지에 몸이나 얼굴을 비벼대는 바람에 피부상태도 엉망이다. 밀집되고 지저분한 환경에서는 이, 벼룩, 빈대, 진드기 등 온갖 기생충이 피부에 엉겨 붙어 피부병을 일으킨다. 이걸 잡겠다고 또 살충제를 뿌리는데, 당연히 살충제는 닭과 인간의 건강에 악영향을 끼친다.

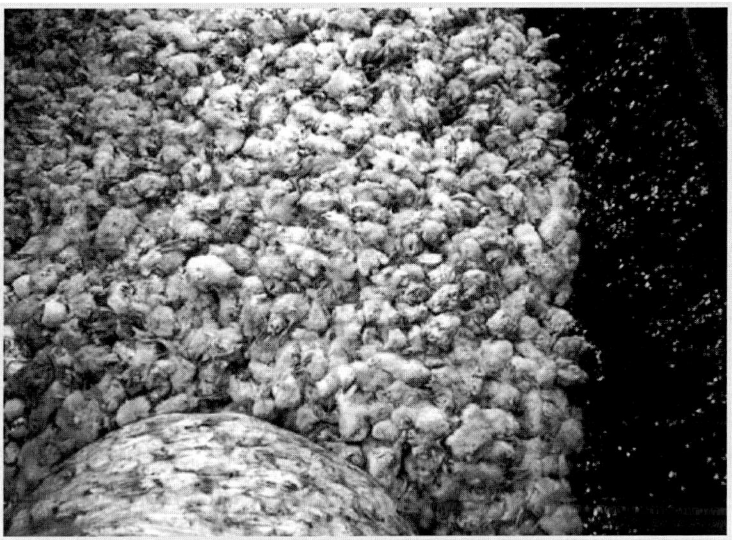

산관계 수평아리들은 '낮은 경제성'을 이유로 부화되자마자 죽임을 당한다.

다행히 이러한 케이지 사육시설은 아파트보다도 먼저 지구상에서 사라질 것으로 보인다. 변화의 바람은 산란계의 배터리 케이지 사육이 가장 먼저 시작된 유럽에서부터 불고 있다. 스웨덴은 2002년 산란계의 전통적 케이지 사육을 금지했다. 룩셈부르크는 2007년부터, 오스트리아는 2008년 말부터, 독일은 2009년 말부터 케이지 사육을 금지했다. 유럽연합은 2012년 1월부터 케이지 사육을 금지하기로 결정했다.

그러나 우리나라에서는 당분간 케이지 사육이 지속될 것 같다. 다만 2012년부터는 산란계 농장에서 동물복지 축산농장 인증을 받으려면 케이지 사육을 포기해야 한다.

부리 자르기와 손가락 자르기는 얼마나 다를까?

닭은 떼를 지어 군집생활을 하는 사회적 동물이다. 닭의 사회적 위계질서는 쪼기 서열로 결정된다. 닭은 잡식성으로 흙을 파헤쳐 씨앗, 벌레, 생쥐 등을 잡아먹는다. 그런데 비좁은 닭장에 가두어 기르게 되면 엄청난 스트레스를 받는다. 그로 인해 공격성을 띠게 된 닭들은 다른 닭의 머리나 항문을 피가 날 때까지 부리로 쪼는 행동을 한다.

양계업계에서는 이를 방지하기 위해 병아리가 태어난 지 5~7일이 되면 부리를 강제로 자른다. 성장이 빠른 병아리는 부리의 3분의 1을 절단하고, 성장이 느린 병아리는 부리의 절반을 잘라낸다. 한 달 남짓 사육하는 육계의 경우는 부리자르기를 거의 하지 않지만, 산란계의 경우는 생후 20주가 지나면 다시 한 번 부리를 자른다.

아무리 숙련된 사람이라 할지라도 부리를 자르는 작업에서 최소한 1% 정도의 실수가 발생한다. 그런데 많은 농장에서 부리자르기를 경험이 부족한 일꾼에게 그냥 시키고 있다. 흔한 실수는 부리를 울퉁불퉁 불규칙하게 자르거나 너무 짧게 자르는 경우다. 한꺼번에 많은 병아리의 부리를 자르다 보니 심할 경우 콧구멍까지 잘라버리는 경우도 있다. 이렇게 된 병아리들은 사료를 제대로 먹지

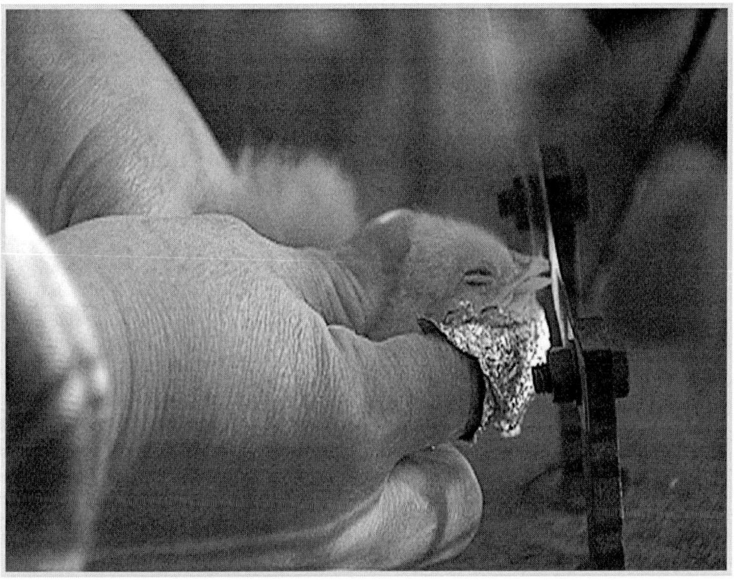

부리가 잘려나가는 병아리. 서로 부리로 쪼아대는 것을 방지하고 사료효율을 높이기 위해서라지만 병아리 입장에서는 손가락이 잘리는 것과 다름없는 고통이다.

못해 성장장애를 일으킨다. 위아래 부리를 똑같이 자를 경우에도 아랫부리가 웃자라게 되어 모이를 제대로 먹기 어렵게 된다. 설사 부리를 제대로 자른다고 해도 신경이 손상되거나 세균에 감염되어, 병아리의 입장에서는 우리 손가락이 프레스로 잘려나가는 것 같은 고통을 당할 수 있다. 단순히 손톱 발톱 잘려나가는 정도와는 차원이 다른 것이다.

과학으로 무장한 현대 양계산업에서 부리자르기는 최대의 이윤을 보장해주는 사양飼養 기술로 각광을 받는다. 닭은 가루보다는 알맹이를 더 좋아하는 습성이 있다. 그런데 알맹이 형태의 사료를 공급할 경우, 부리로 쪼는 과정에서 30%가량의 사료를 바닥으로 흘리고 만다. 하지만 부리를 잘라버리면 가루로 만든 값싼 배합사료를 먹일 수 있어서 경제적 손실도 준다.

그러나 케이지 사육의 경우처럼 부리자르기 역시 이를 금지하려는 동물보호 운동이 진행되었다. 그 결과 정부 차원에서는 처음으로 스위스 정부가 1992년부터 부리자르기를 금지했고, 네덜란드 정부도 2001년도부터 모든 산란계의 부리자르기를 금지했다. 영국 정부 역시 양계업계의 로비에 의해 시행이 미뤄져온 부리자르기 금지 방안을 2016년부터 시행할 방침이라고 밝혔다.

우리나라에서는 동물복지 축산농장 인증을 받고자 하는 농장에서만 부리자르기를 하지 말라고 권장하고 있다. 그러나 대부분의 산란계 농장은 부화장에서 이미 부리를 잘라버린 병아리를 구입해서 기르고 있는 형편이다. 게다가 2012년 3월 농림부가 발표한 고시안을 보면, 응급시 수의사의 판단으로 부리자르기를 제한적으로 허용하는 예외규정까지 있다.

스트레스를 주어 강제로 털갈이

뱀이 허물을 벗듯이 닭도 주기적으로 털갈이를 한다. 닭은 해가 짧아지는 가을이 되면 오래된 깃털이 빠지고 새로운 깃털이 자라는 데, 이 시기에는 알을 낳지 않는다. 종류에 따라서 1년에 1회~3회 정도 털갈이를 하는데, 산란계는 1차 산란이 끝나면 자연적으로 4개월에 걸쳐 털갈이를 하게 된다.

양계업계에서는 관행적으로 알을 낳기 시작한 지 12~14개월이 지나 경제성이 떨어지는 닭에게 일부러 스트레스를 주어서 털갈이를 시킨 다음 2차 산란기를 앞당기는 강제 털갈이를 시켜왔다. 인위적으로 스트레스를 주는 방법에는 굶기기, 물 안 주기, 잠 안 재우기 등이 있다. 마치 무슨 고문 방법 리스트 같다.

굶기는 경우엔 닭의 체중이 20~30% 정도 빠질 때까지 1~2주 동안 사료를 주지 않는다. 심지어 체중이 35% 정도 빠질 때까지 3~4주 동안 방치하는 경우도 있다. 물을 주지 않는 기간은 계절, 품종, 주령週齡 등에 따라서 약간 차이가 있다. 봄과 가을에는 2~3일, 여름에는 3~4일, 겨울에는 1~3일 정도 물 공급을 중단한다. 양계업계에서는 폐사율이 2~3%에 달할 즈음 물을 다시 주라고 권장하는데, 경제적인 폐사율을 4%로 설정하고 있다. 강제 털갈이를 위해서 모든 불을 끄고 사육시설을 깜깜한 암흑세계로 만들기도 한다. 자연 상태에서 닭은 새벽에 일찍 일어나고 저녁 9시 이전에 잠을 잔다. 그러나 양계장에서는 닭이 알을 낳는 동안 조명을 켜서 잠자는 시간을 줄여 산란율을 높이는 방법을 쓴다. 빛이 닭의 내분비기관을 자극해 성 성숙을 늦추거나 빠르게 하기 때문이다. 또한 빛은 달걀을 낳는 것을 촉진시키며, 깃털이 빠지는 것을 막고, 비타민D를 합성하는 데도 관여한다.

조명을 인위적으로 조절하는 공장식 양계장에서 사육되는 닭들은 비타민과 영양소 결핍, 성장 지체, 눈의 손상, 시력 상실, 무기력증, 콩팥 손상, 성기능 교란, 뼈와 근육 약화, 뇌 손상, 마비증세, 내출혈, 빈혈, 부리와 관절과 척추의 기형화 등 온갖 증상이 나타나고, 정상적인 생활 리듬이 깨져 극심한 스트레스에 시달린다.

산란계들은 강제 털갈이가 끝난 후 사료를 다시 2주 정도 주면 알을 또 낳기 시작한다. 산란율은 그렇게 40~50일 정도 지나면 50%까지 증가하며, 60~70일이 되면 최고조에 이른다. 강제 털갈이를 당한 닭들은 6~8개월 정도 더 알을 낳은 후 도축되어 구이용, 개나 고양이 사료, 치킨 너겟 등으로 팔려나간다. 젖소가 값싼 고기로 처분되듯이 산란계도 값싼 닭고기로 처분되는 것이다.

미국에서는 2003년 조사에서 산란계의 75% 이상이 강제 털갈이를 당하고 있으며, 한국에서는 2008년 설문조사에서 산란계 농장주 중 86%가 강제 털갈이를 1년에 1회 실시한다고 답변했다. 반면 유럽이나 호주에서는 모이를 주지 않는 등의 방법을 통한 강제 털갈이를 금지하고 있다. 2012년부터 시행되는 우리나라의 '동물복지 산란계농장 인증 기준'엔 강제 털갈이를 시키거나 그런 닭을 구입해 사육하는 행위를 금지하고 있다.

3개 회사가 전세계 닭의 75% 점유

공장식 축산이 확산되면서 가축의 종 다양성이 파괴되고 있다. 유엔 식량농업기구FAO의 2007년 보고에 따르면, 1999년부터 2006년 사이 지구에 살고 있는 동물 유전자원 품종 중 약 9%가 멸종했으며, 20%가량은 멸종 위기 상태라고 한다. 현재 지구상에 남아 있는 가축은 6500종 정도인데, 그중 1350종이 멸종 위기에 처해 있다. 닭의 품종은 500여 종이 넘는 것으로 알려져 있지만, 거대 축산기업들은 더 많은 고기와 달걀을 생산할 수 있는 소수 품종만을 선별하여 집중 사육하고 있다.

공장식 양계업이 전세계적으로 확산되면서 3대 육종회사가 선세계 닭의 75% 이상을 점유하고 있으며, 칠면조와 오리의 경우는 몇몇 육종회사가 거의 100%를 점유하고 있다. 우리나라의 상황은 더욱 심각하다. 국내에서 사육중인 산란계의 경우 하이라인 브라운(66.5%), 로만 브라운(16.2%), 브라운 닉(11.9%) 3개 품종이 95%를 차지하고 있다.(2008년 기준) 우리나라 사람들이 흰색 달걀보다 갈색 달걀을 더 선호하고 있기 때문에 대부분 산란계는 브라운 계통이다.

산란계의 품종 편중 현상은 갈수록 심화되고 있다. 왜냐하면 로만 브라운을 수입하던 회사가 수입 품종을 하이라인 브라운으로 변경했기 때문이다. 이로써 국내에서 사육되고 있는 산란용 실용● 병아리 10마리

● 닭은 순계(PL)–원종계(GPS)–종계(PS)–실용계(CC)로 구분된다. 닭을 상업적으로 이용하기 위해서는 순수혈통의 순계를 이용하여 원종계와 종계를 생산해야 한다. 순계, 원종계, 종계는 씨받이 닭이며, 우리가 식탁에서 먹는 달걀과 고기를 생산하는 닭을 실용계라고 한다.

중 9마리 이상은 하이라인 브라운이 됐다.

국내의 육계 품종도 산란계의 상황과 큰 차이가 없다. 로스(43.7%), 아바 에이커(22.9%), 코브(18.4%) 등 3개 품종이 전체의 85%를 점유하고 있다.(2008년 기준) 로스와 아바 에이커는 영국에 본사를 두고 있는 아비아젠사社에서, 코브는 미국에 본사를 두고 있는 세계 최대의 육류가공회사 타이슨푸드에서 공급하고 있다. 우리나라 사람들이 즐겨먹는 닭고기 10마리 중 7마리는 아비아젠사 한군데서 공급한 품종인 셈이다. 이렇게 한두 군데의 거대 다국적기업이 육계와 산란계의 품종을 독점하게 되면, 종 다양성이 파괴될 뿐만 아니라 유전적 다양성도 줄어들어 특정 질병에 취약해지기도 쉽다.

이집트의 재래종 닭인 페이요미Fayoumi도 멸종 위기 상태인 품종 중 하나다. 페이요미는 무더운 기후 조건에 잘 적응하며 세균이나 바이러스 감염에 강한 저항성을 가진 품종이다. 또한 상업용 양계산업이 발달되지 않은 아프리카 재래종 닭들은 유전적으로 매우 다양하다. 그들 가운데 일부는 조류독감에 걸리지 않고 잘 견뎌낼 수 있는 특정 유전자를 가지고 있는 것으로 밝혀졌다. 하지만 이들 재래종 닭들은 다국적 거대기업의 상업용 닭 품종에 밀려 이미 멸종했거나 멸종 위기에 처해 있다. 결국 공장식 축산이 생태계의 다양성마저 파괴하고 있는 것이다.

가축이 건강해야

제2장

사람이 행복하다

누가 커튼 뒤에서 이윤을 거두는가?

4 황금알을 낳는 아우슈비츠, 도살장

육류시장을 지배하는 거대 식품기업

가축이 행복하고 인간이 건강한 사회를 만들기 위해서는 우선 가축을 불행하게 하는 공장식 축산업에서 누가 가장 많은 이윤을 거두는지를 알아야 한다. 현 시스템의 기득권자를 제대로 알아야 시스템의 개선도 추구할 수 있기 때문이다. 2006~2008년 미국의 식품 원가구조•를 보면, 축산물의 소비자 가격 중에서 30~40%가량만 생산자의 몫으로 돌아갔다. 60~70%에 달하는 유통마진 중 가장 많은 부분을 가축을 대규모로 수집해 도축하고 가공하는 기

• 식품의 원가구조는 우리가 슈퍼마켓에서 구입하는 식품의 가격을 100원이라고 가정하고 생산자와 포장·가공·유통·광고업자에게 어떻게 배분되는지를 살펴보는 것이다. 식품의 소매가격 100원 중에서 생산자의 몫은 닭고기나 계란의 경우 40원, 고기나 우유는 30원, 과일이나 채소는 17원, 곡물이나 제과는 8원에 불과하다. 생산자는 평균 20원 남짓만을 가져가고, 나머지 80원은 포장·가공·유통·광고업자들의 몫이다. 특히 곡물이나 제과산업에서 유통마진은 92원이나 된다. 경제학자들은 이것을 우아한 표현으로 식품의 부가가치가 높아졌다고 말하지만, 실제로는 포장·가공·유통·광고업자들이 폭리를 취한 것이나 다름없다.

업들이 가져가고 있다. 곡물 메이저들이 대규모 창고를 지어서 한꺼번에 많은 곡물을 저장하는 능력을 갖춤으로써 곡물시장을 지배하듯이, 축산업 분야에서도 대규모 도축장과 가공공장을 가진 소수의 거대기업들이 육류시장을 장악하고 있다.

그렇다면 구체적으로 누가 커튼 뒤에서 실질적인 이윤을 거두어가고 있는가? 미국의 육류 가공산업은 타이슨푸드, 카길, 스위프트, 스미스필드푸드 등 소수의 거대기업이 지배하고 있다. 이들 상위 4대 기업이 차지하고 있는 시장점유율도 지난 1980년대 이후 꾸준히 증가돼왔다. 4대 기업이 쇠고기 가공산업에서 차지하는 비율은 1980년 36%에 불과했으나, 2000년 81%까지 이르렀다가 2009년 75%로 조금 줄어들었다. 돼지고기 가공산업에서도 4대 기업의 점유율이 1980년 34%였던 것이 2000년에는 59%로 증가했으며, 2009년 69%에 이르렀다. 닭고기 가공산업에서도 4대 기업의 비중은 1990년 44%에서 2009년 52%로 증가했다.

대규모 도축장과 가공공장이 출현하게 된 데 결정적인 역할을 한 것은 컨베이어 벨트 시스템●이다. 도축산업에서 최초로 분업화·표준화·단순화가 이루어져, 대량생산 대량소비의 현대 산업사회 시스템이 탄생했다.

● 시카고의 도축업자들은 1880년대 후반 효율적인 도축작업을 위해 컨베이어 벨트, 갈고리 족쇄장치 등의 기계를 도입했다. 예전에는 숙련된 기술자에 의해 도축작업이 이루어졌으나, 기계장치 도입으로 작업공정이 단순노동으로 바뀌었다. 도축산업은 낮은 비용으로 높은 생산성을 실현할 수 있게 되었으며, 도축 속도를 높이고 작업량을 대량으로 늘릴 수 있게 되었다. 헨리 포드는 1912년 시카고의 한 도축장을 방문하여 소의 뒷다리를 갈고리 족쇄장치에 걸어서 한 작업자에서 다음 작업자로 이동하는 도축과정을 보았다. 그는 그 방식에서 아이디어를 얻어 1913년 미시간 주의 하이랜드 파크 공장에 컨베이어 벨트를 이용한 자동차 조립 공정 시스템을 도입했다. 시카고의 도축장에서 시작하여 포드 자동차에 도입된 컨베이어 벨트 시스템은 모든 산업으로 확산되었다.

컨베이어 벨트를 활용하여 도축작업이 세분되는 분업화가 이루어졌으며, 복잡한 도축공정이 표준화되고 단순화된 해체 공정으로 바뀌었다. 작업이 단순해지니 값싼 임금에 노동자들을 고용할 수 있게 되어, 많은 이윤을 남길 수 있었다. 하지만, 도축장의 열악한 작업환경과 가혹한 노동조건은 우리가 먹는 고기의 안전성을 위태롭게 했다.

소 한 마리가 상품화되는 과정

도시에 살고 있는 일반 소비자들은 자신들이 먹는 쇠고기·돼지고기·닭고기가 어떻게 도축되어 가공·포장되는지 잘 알지 못한다. 도축장은 일반인들의 접근이 거의 불가능한 베일에 싸인 공간이다. 종교적인 이유로 여전히 전통적인 도살방식을 고수하고 있는 이슬람이나 유대인이 아닌 다음에야 도축과정을 지켜볼 기회가 없다.

그러면 지금부터 대규모 도축장에서 어떻게 도축이 이루어지는지 살펴보자. 먼저 차량을 이용하여 농장에서 도축장으로 운송된 소들은 계류장에서 잠시 대기한다. 계류장에는 갈증을 해소시켜줄 급수시설이 있다. 가축이 이동하면서 스트레스를 받으면 체온이 높이 올라가는데, 샤워를 시켜서 체온을 낮추어준다. 수의사는 육안검사를 통해 스스로 일어나지 못하는 다우너 소 같은 도축금지 대상을 골라낸다.

소가 킬링박스를 통과하면 기절시켜 뒷다리를 철근체인으로 묶어 끌어 올린다. 소를 기절시킬 때는 강철못 발사장치를 머리에 쏴서 기절시키는 타격법을 사용한다. 그런데 강철못 발사장치를 쏘는 노커Knocker라고 하는 노동자들이 급소를 맞추지 못할 경우 소들은 산 채로 철근체인에 매달리게 된다. 광우병 사태 이후 가스나 압축공기를 주입하는 기구를 사용하는 스터닝 방법stunning process과 두개골 안에 긴 도구를 넣는 천자법pithing process은 금지되었다. 돼지는 전기 충격장치를 이용하여 기절시킨다. 이를 전살작업이라고 하는데, 150~200V 전압의 1.25A 전류를 소뇌에 3~5초간 흘려보낸다. 대규모 돼지 도축장에서는 무인 자동전살장치를 설치하여 인건비를 줄이고 있다.

가축이 기절하면 사슬에 다리를 묶어 거꾸로 매단다. 소의 목을 잘라 피를 완전히 뽑아내고, 뒷다리와 몸통의 껍질을 부분적으로 벗겨낸다. 쇠사슬을 채우는 노동자를 섀클러Shackler라고 하며, 목 부위의 경동맥을 찔러서 피를 뽑는 공정을 맡은 노동자를 스티커Sticker라고 한다. 곧바로 안락사를 시키지 않고 기절만 시키는 이유는 체내의 피를 확실하게 뽑아내기 위해서다. 소와 돼지는 심장과 폐의 기능이 유지된 상태에서 다량의 피가 몸 밖으로 빠져나가면서 출혈로 서서히 사망하게 된다.

광우병 사태 이후 미국의 도축장에서는 치아감별사들이 맨눈으로 이빨 상태를 보고 30개월 이상 소를 구별하는 과정이 추가되었다. 치아감별은 개체별 인식장치와 이력추적제가 제대로 실시되지 않은 상황에서 임시방편으로 상대적인 나이를 측정하는 비과학적인 방법이다. 그나마 국내 소 도축장에서는 이런 연령감별조차도 실시하지 않았다.

치아감별이 끝나면 자동화된 기계를 이용하여 가죽을 완전히 제거한다. 가죽을 벗겨내는 공정을 맡은 노동자들을 스키너Skinner라고 한다. 돼지의 경우 껍질을 벗기는 대신 따듯한 물에 담가 털을 제거한다. 이를 탕박이라고 한다. 우리나라의 돼지 도축장에서 탕박 비율은 2010년 92.3%에 이르렀다. 탕박은 껍질을 벗기는 박피에 비해 지육이 10% 늘어나서 경제적 이익이 더 크다. 대신 소비자들은 껍질이 붙어 있는 돼지고기를 먹어야 하며, 내장 적출에 시간이 더 걸려 고기가 오염될 가능성이 더 높아진다. 간혹 털이 완전히 제거되지 않는 경우도 있다.

닭의 경우도 따뜻한 물에 담가 털을 제거하는 탕침을 실시한다. 탕침 방법은 60~62℃의 물에 담그는 고온탕침과 52~53℃ 물에 담그는 저온탕침이 있다. 고온탕침은 털과 상피가 잘 벗겨지고 시간이 단축되는 장점이 있으나 고기의 신선도가 떨어진다. 저온탕침은 탕침기에 오랫동안 담가두어야 하고, 털을 벗기는 시간이 오래 걸린다. 하지만 유통과정에서 장기간 품질을 유지할 수 있으며, 닭고기의 품질이 신선하다는 장점이 있다. 유럽과 미국 등에서는 저온탕침한 닭고기의 가격이 30% 정도 더 비싸다. 국내의 도계장에서는 거의 대부분 고온탕침을 실시하고 있다.

가죽을 벗긴 소는 세척한 다음에 머리를 잘라낸다. 광우병 사태 이후 뇌와 편도가 광우병 위험물질SRM로 지정되면서 이 공정이 복잡해졌다. 우리나라에서는 소머리국밥을 먹지만 미국에서는 이러한 식습관이 없기 때문에 보통 혀와 볼살을 제거하고 나머지 머리 부위는 렌더링(가축사체 부산물 처리) 공장으로 보낸다.

머리를 절단한 다음에는 앞다리와 뒷다리를 절단하고 허파·간·위·소장·대장 등 내장을 제거한다. 광우병 사태 이후 맹장 앞부분에 있는 회장원위부를 제거하는 공정이 추가되었다.

내장 적출이 끝나면 기계톱으로 등뼈 한가운데를 자른다. 이를 이분도체라고 한다. 몸통을 절반으로 나눈 다음에 분리된 지육은 고온의 진공스팀으로 세척한다. O-157이나 살모넬라균 같은 세균을 없애기 위해 지육을 스팀살균 및 유기산을 이용해 여러 번 세척한다. 이후 지육을 냉각한 후 예냉실로 보내서 0℃~7℃의 온도로 냉장보관한다. 도축된 가축은 시간이 지나면 근육이 단단하게 굳어지는데, 예냉실에서 숙성시키면 근육이 부드럽게 풀어진다. 보통 냉각실로 보내기 전에 육질과 육량을 기준으로 등급을 판정한다.

예냉실에서 숙성된 고기는 육가공공장으로 옮겨진다. 육가공공장은 정육 포장공장이라고도 한다. 칼을 전문적으로 다루는 기술자들이 지육에서 뼈와 살을 발라내는 발골작업과 분리된 정육에서 지방을 제거하는 정형작업을 한다.

가축을 도축하여 머리와 내장 등의 부산물을 적출하고 남은 것을 지육이라고 하고, 지육에서 뼈를 발라내고 지방을 제거하고 남은 것을 정육이라고 한다. 600kg짜리 소 한 마리를 도축하여 머리나 내장 같은 부산물을 적출하고 나면 암소에서는 336kg, 수소에서는 357.6kg, 거세우에서는 354kg의 지육을 얻을 수 있다. 이것을 다시 뼈를 발라내고 지방을 제거하면 암소에서는 234.2kg, 수소에서는 259.6kg, 거세우에서는 245kg의 정육을 생산할 수 있다. 이 전체 공정을 요약하면 다음과 같다.

소의 도축과정

계류 및 생체 육안검사 → 기절 및 방혈 → 박피 → 진공스팀 세척 → 머리 절단 → 앞다리 및 뒷다리 절단 → 내장 적출 → 2분체 분할 → 도체 세척 및 살균 → 지육검사 → 급랭 및 예냉 → 육가공공장 → 대분할 → 소분할 → 포장 및 출고

빠른 작업속도와 위험하고 비위생적인 작업환경

대규모 도축장과 가공공장은 가축에게만 잔혹한 것이 아니라 인간에게도 잔혹하다. 도축 과정에 자동화 기계가 도입되면서 도축 전문가들은 단순노동자로 대체되었다. 이에 따라 인건비가 저렴해졌다. 제레미 리프킨은 『육식의 종말』에서 쇠고기 도축장과 정육 가공공장을 운영하는 기업들이 뒷거래와 조직폭력배를 동원하여 노조를 파괴했던 실태를 알리고 있다. 제레미 리프킨은 "전국적으로 정

미국의 대규모 육가공공장. 컨베이어 벨트 시스템은 생산성을 증가시키는 대신 노동조건과 식품 안전을 위태롭게 만들었다.

육 포장공장들의 도축장과 냉동실의 작업환경이 지옥을 방불케 했다면, 수많은 작업자들의 생활환경은 그에 못지않게 악몽이었다"고 비판했다. 특히 거대 쇠고기 기업 아이비피Iowa Beef Processors는 집요하고 냉혹하게 노동조합을 파괴하고 노동자들의 임금을 깎아 내렸다. 심지어 아이비피 회장 홀먼은 1974년 뉴욕의 마피아와 공모하여 뇌물과 리베이트로 뉴욕 정육시장을 장악하려 했다는 혐의로 기소된 적도 있다. 아이비피는 2001년 타이슨푸드에 매각되었다.

기업의 이윤이 늘어날수록 도축장과 정육 가공공장의 작업환경은 더욱 위험하고 비위생적인 상태가 됐으며, 작업속도도 빨라졌다.

미국의 대규모 작업장에서는 1시간에 300~400마리의 소를 도축하고 있다. 노동자들은 유럽이나 일본보다 2배나 빠른 속도에 적응해야 한다.

지난 2004년에 일본을 방문한 타이슨푸드 노조위원장은 "육식처리 공장의 생산라인은 회사의 이익추구 때문에 노동이나 식품안전 등을 고려할 수 없을 만큼 빠른 속도로 돌아가고 있다"며 "많은 노동자들이 이러한 가혹한 노동조건 때문에 평소에 직장을 자주 바꿔 도축작업에 익숙하지 않다"고 밝혔다. 도축장과 정육 가공공장은 미숙련 노동과 빠른 작업속도로 인해 벌목산업 다음으로 산업재해 발생률이 높은 곳이 되었다.

빠른 작업속도로 도축이 이루어지다 보니 노커들이 급소를 제대로 맞히지 못해 소들이 산 채로 가죽이 벗겨지기도 한다. 산 채로 가죽이 벗겨지는 소들은 철근체인에 매달린 채 몸부림을 치면서 발길질을 하다가 쇠사슬이 풀려서 바닥으로 떨어지기도 한다. 1톤이나 되는 소가 머리 위에서 떨어지면 도축 노동자들은 목숨을 잃거나 큰 부상을 당할 수도 있다.

외부인들은 이와 같은 공장 내부의 실태를 결코 알 수 없다. 타이슨푸드 노조의 활동가들은 "정부에서 사찰을 온다고 하면 작업라인의 속도를 줄인다. 노동자들은 이러한 실태를 외부에 폭로할 수 없도록 엄격하게 감시받고 있으며, 사진촬영조차도 허용되지 않는다"고 양심선언을 했다.

내장 제거작업에 익숙해지기 위해서는 최소한 6개월에서 1년 정도의 경력이 요구된다. 작업과정에서 내장이 터질 경우 내장 속에 들어 있는 세균들이 쇠고기를 오염시킨다. O-157 대장균, 메티실린 내성 황색포도상구균MRSA, 살모넬라균, 리스테리아균 같은 세균에 오염된 쇠고기를 소비자들이 섭취하면 식중독에 걸리고, 심할 경우엔 목숨을 잃는 수도 있다.

대형 도축장에서 일하는 노동자들은 대부분 라틴아메리카나 아시아에서 미국으로 이민 간 비정규직 노동자들이다. 이들은 장시간 저임금노동을 하고 있으며, 노조가 결성되어 있지 않아 노동조건을 개선할 아무런 방법이 없다. 그래서 이직률이 높으며, 대부분 1년 미만의 미숙련 노동자들이 일한다. 경험이 부족한 노동자들이 내장 제거작업을 하기 때문에 다섯 마리 중 한 마리에서 위나 장의 내용물이 흘러서 작업대를 오염시킨다. 세균으로 범벅된 작업대에서 도축작업이 이뤄질 수도 있는 것이다.

정부 감시와 규제의 사각지대

더 큰 문제는 이런 도축작업이 제대로 감시되고 있지 않다는 점이다. 미국에서 농무부 소속 검사관들이 공장 내부에 상주하지만 역할에 충실하기가 어렵다. 검사관들도 자기 자리를 떠나서 도살장 구석구석을 자유롭게 다닐 수 없다. 대부분의 도축장에서 도살 구역은 벽으로 차단되어 있기 때문에 그들도 도축장에서 벌어지고 있는 일의 95%를 볼 수 없다.

설령 불법행위나 규정위반을 보았다고 하더라도 제대로 된 조치를 취하는 일 역시 쉽지 않다. 캘리포니아 남부에 있는 육식공장의 여성 검사관 패스티 맥키Pasty Mackee는 PBC 방송 인터뷰를 통해 "직장에 갈 때마다 위반이 일어나지 않도록 빌었다"며 "만약 위반을 발견하여 그 사실을 기록하고 시정할 것을 요구하면, 회사는 상부에 위반사실을 보고하지 말라고 요청하며, 농무부도 위반 건수를 엄청나게 축소시키기 위해서 여러 가지 압력을 가해온다"고 말했다. 이러한 압력에 굴복하지 않은 그녀는 자신의 연고지와 아주 먼 아이오와에 있는 한 육류공장에서 야간 근무를 하라는 명령을 받았다. 그리고 이러한 부당한 명령을 거부하자 미 농무부는 그녀를 해고시켰다고 한다.

2006년 홀마크사 다우너 소 불법도축 사태 당시, 연방 식육검사관 노동자조합의 스탠리 페인터도 이 사건이 벌어지기 수년 전에 패스티 맥키가 방송을 통해 고발한 것과 유사한 내용을 증언했다. 그는 "검사관들은 규정위반을 목격하면 기록을 하고 규정위반 보고서를 작성해야 된다. 하지만 실제로는 그렇지 않다. 감독관들은 검사관들이 규정위반을 목격했을 때 시스템이 돌아가도록 그냥 놔두라고 말하거나, 회사가 문제를 고칠 시간을 가질 수 있게 보고서 작성을 막는다. 보고서를 쓴다 하더라도 큰 회사들은 정치적인 힘을 이용해 관계기관 수준에서 조정을 한다거나 의회에 대표단을 보내 식육검사관들이 물러서게 만들고 있다"고 밝혔다.

검사 인력의 부족도 심각하다. 1980년대 레이건 행정부 이후 신자유주의가 대세를 이룸에 따라 정부의 효율성이라는 명목으로 예산삭감이 이루어졌다. 예산이 줄어들면 당연히 검사 인력도 감축된다. 한 명의 작업공정 검사관이 18개 도축장을 맡아서 하루에 뉴욕에서 코네티컷까지 담당한 경우도 있으며, 필라델피아 지역에서는 한 명의 검사관이 24개 공장을 맡기도 했다. 백악관 예산관리처OMB가 2008년에 발표한 조사 결과에 따르면, 1981년에는 181명의 식품안전검사청 공무원들이 45만4000톤의 고기를 검사했는데 2007년에는 같은 양을 88명이 검사했다. 26년 사이에 검사를 담당하는 공무원이 절반 이하로 줄어든 것이다.

광우병, O-157, 살모넬라균 오염 우려

정육업계에서 철저하게 세척과 살균처리를 실시한다고 홍보하고 있음에도 불구하고 O-157, 살모넬라균 같은 식중독균에 오염된 육류의 리콜이 끊임없이 일어나고 있다. 그 이유는 사육과정과 도축과정의 근본적인 문제점을 개선하지 않고 뜨거운 물이나 소독약품으로 식중독균을 없애려고 하기 때문이다.

2011년에 식품안전검사청이 공식적으로 발표한 리콜만 하더라도 100건이 넘는다. 2011년 12월 한 달의 리콜기록만 보자. 12월 2일 표시오류 및 신고되지 않은 알러지 때문에 캘리포니아 주 샌프란시스코 소재 닭고기 가공공장에서 생산한 제품 리콜. 12월 8일 검사를 받지 않고 출하된 뉴저지주 소재 식품공장에서 생산한 냉동 파스타 리콜. 12월 9일 노스캐롤라이나 주의 닭고기 가공공장에서 생산한 리스테리아균에 오염된 것으로 확인된 뼈 없는 냉동 닭가슴살 리콜. 12월 10일 표시오류 및 신고 되지 않은 알러지 때문에 캘리포니아 주 소재 소시지공장에서 생산된 소시지 리콜. 12월 15일 표시오류 및 신고되지 않은 알러지 때문에 노스캐롤라이나 소재 식품공장에서 생산한 다진 고기와 으깬 감자 리콜. 12월 15일 하나포드 슈퍼마켓 체인에서 판매하는 살모넬라균에 오염된 쇠고기 분쇄육 제품 리콜. 12월 16일 네브라스카 주에 소재한 타이슨푸드에서 생산한 병원성 대장균 O-157:H7에 오염된 쇠고기 분쇄육 리콜……. 이렇게 빈번한 리콜은 모두 업체가 자발적으로 회수하는 방식이다. 실제로는 상당부분 소비가 이루어진 이후이기 때문에 이미 엄청난 식중독 사고가 발생한 경우가 대부분이다.

광우병 사태 이후 소의 등뼈를 절반으로 나누는 공정의 위험성에 관한 논란이 지속적으로 제기되었다. 전기톱으로 등뼈를 자르는 과정에서 광우병 위험물질인 척수와 뼛조각이 튀어서 쇠고기를 오염시킬 우려가 있다는 것이다. 정육업계에서는 30개월 이상 소 전용 톱을 사용하거나 절단장비를 83℃ 이상의 뜨거운 물로 세척하고 있기 때문에 안전하다고 주장한다. 또한 척수는 특수흡입장비를 이용해 완전히 제거하고 있다고 밝히고 있다.

그러나 이 정육업계의 주장을 곧이곧대로 믿을 수는 없다. 부정확한 치아검사만으로 소의 나이를 감별하고 있으니 월령 30개월 이상 소와 이하 소가 확실히 구분되지 않는다. 살인적인 작업속도로 1시간에 300~400마리를 도축하고 있어서 척수와 뼛조각이 튀는 것을 막을 수 없다. 또한 작업도구를 통한 오염 가능성도 존재한다. 왜냐하면 30개월 이하의 소와 30개월 이상 소를 같은 도축라인에서 처리하고 있으며, 광우병 원인물질인 변형 프리온은 133℃에서도 사멸하지 않기 때문이다.

고기 찌꺼기까지 팔아먹어

육가공업계는 가축의 뼈나 몸체에 달라붙은 고기를 떼어내고, 도축과정에서 나오는 찌꺼기들을 가공하여 추가적인 소득을 올리고 있다. 뼈나 몸체에 달라붙은 질긴 고기를 떼어내는 것을 육회수Meat Recovery●라고 한다.

문제는 선진회수육 공정을 통해 분리한 쇠고기 조각에는 골수와 척수

● 육회수 공정은 뼈의 주성분인 칼슘 등의 함량에 따라 기계적 분리육, 선진회수육 등으로 나뉜다. 기계적 분리육은 뼈에 남은 고기를 얻어내기 위해 뼈를 부러뜨리거나 뼈를 갈기 때문에 칼슘 함량이 높고 신경물질이 많이 섞여 있다. 선진회수육은 고압의 기계장치를 이용하여 뼈를 부러뜨리거나 갈지 않고도 고기 조각을 채취하는 방법이다. 기계적 분리육보다 발전된 방법이라 하여 '선진(advanced)'이라는 단어를 붙였다. 이렇게 분리한 쇠고기 조각들은 다시 분쇄육으로 가공된다. 그래서 미국 정부는 선진회수육 제품을 잡육(beef trimmings) 또는 다진 쇠고기(ground beef)라는 라벨을 붙일 수 있도록 허용하고 있다. 이 쇠고기 조각들은 주로 피자나 햄버거의 패티로 사용된다.

렌더링 공장에 쌓여 있는 가축 사체와 도축 폐기물. 이곳에서 추출한 육골분과 지방은 사료와 화장품 원료로 사용된다.

같은 신경조직이 과다하게 들어 있어 광우병 위험을 높인다는 점이다. 이런 방식으로 분리한 지방의 결합조직에는 사람이 영양소로 사용 할 수 없는 단백질이 아주 많이 있으며, O-157이나 살모넬라균 같은 식중독을 일으키는 세균들이 득실거리기도 한다. 이론적으로 이들 세균에 감염된 소 1마리는 선진회수육이나 분쇄육 16톤을 오염시킬 수 있다. 그래서 비판적인 전문가들은 선진회수육을 "회색의 끔찍한 지방 덩어리로 보기만 해도 구역질이 날 뿐"이라고 말한다.

현재 미국에서는 양심적 전문가들과 시민단체가 꾸준히 비판적 활동을 벌인 결과, 학교급식에서 선진회수육과 기계적 회수육을 사용하는 것이 금지됐다.

미국 정부가 결코 선진화되거나 진보된 음식이 아닌 선진회수육을 음식재료로 허용하게 된 결정적 계기는 전국목장주연합NCA 회장 출신으로 정육업계를 대변하는 홍보 컨설턴트와 로비스트로 활약했던 조앤 스미스가 1989년 5월 부시 행정부의 농무부에서 마케팅과 검사서비스를 담당하는 차관보로 임명된 일이었다. 그녀는 차관보로 임명되자마자 쇠고기 검사과정에서 다듬고 남은 고기 조각과 연골을 쓸 수 있게 하고, 이것들도 역시 고기라는 라벨을 붙일 수 있도록 허용한 것이다.

육회수 공정을 마치고 남은 폐기물은 렌더링 공장으로 옮겨져서 사료의 원료로 가공된다. 렌더링 공정은 히틀러가 아우슈비츠 수용소에서 유대인을 학살한 후 기름을 짜내 비누를 만들었던 것과 큰 차이가 없다.

렌더링 공장에서는 온갖 사체와 폐기물, 그리고 음식물 쓰레기를 처리하고 있다. 도축장에서 남은 폐기물, 병들어 죽었거나 검사에서 불합격한 가축의 사체, 동물병원과 동물보호소에서 안락사당한 개와 고양이의 사체, 길거리에서 차에 치여 죽은 동물의 사체, 식당이나 슈퍼마켓에서 버린 쓰레기까지도 모두 렌더링의 원료가 된다. 이들 원료들을 거대한 탱크에 넣고 섞은 다음에 분쇄기로 잘게

부순다. 이를 다시 115~145℃의 온도로 열처리를 하여 지방을 분리한다. 남은 찌꺼기는 압착해서 육골분의 원료로 만든다. 추출한 지방은 사료와 화장품의 원료로 사용된다. 우리는 이 쓰레기 같은 재료로 만든 사료를 먹고 자란 가축을 다시 먹고, 심지어 화장품으로 바르기까지 하는 것이다.

10년이 지나도 변함없는 다우너 불법도축

인도주의적 축산협회Humane Farming Association의 수석조사관 게일 A. 이아스티츠는 1997년에 출판된 『도살장』이라는 책에서 불법도축의 실태를 고발했다. 네브라스카 주에 있는 대형 쇠고기 공장에서 일하는 검사관은 저자에게 "체인에 묶인 소를 질질 끌고 가는 것과 지게차로 들어올리는 것은 도살장에서는 늘 하는 일이에요. 어떨 때는 지게차 기사가 걷지 못하는 소를 끌고 가면서 동시에 다른 소의 머리를 으깨버리는 경우도 있어요"라고 증언하기도 했다.

이와 같은 불법도축은 2008년 1월 미국의 동물보호단체인 휴메인 소사이어티가 공개한 다우너 소 동영상을 통하여 다시 한 번 확인되었다. 10년이라는 세월이 지나는 동안 도축장의 현실은 변화가 없었던 것이다.

홀마크 도축장의 인부들은 상부의 지시를 받아 쓰러진 소들을 전기충격기로 가격하거나, 다리에 사슬을 묶어 지게차로 질질 끌거나, 고압호스로 코에 물을 쏘는 등 다양한 방법으로 어떻게든 다우너 소를 억지로 일으켜 세운 뒤 킬링 박스를 통과시키려고 했다. 다우너 소들은 원칙적으로 도축 전 검사에서 걸러져 살처분돼야 한다. 그러나 현실에서는 다우너 소들이 제대로 걸러지지 못한 채 계류장을 통과했다.

계류장을 통과한 소들은 다시 재검사를 받는데 이때는 도축장 직원이 자발적으로 신고를 해야 걸러진다. 고양이에게 생선을 맡기는 격이다. 실제로 도축장 직원들은 신고는커녕 쓰러진 소들을 억지로 일으켜 킬링 박스로 집어넣는 불법을 저질렀다.

이 동영상이 공개되자 웨스트랜드/홀마크사가 2006년 2월 1일부터 2년간 유통시킨 쇠고기 6만4000톤을 대상으로 리콜이 실시되었다. 이는 미국 총인구인 3억 명에게 각각 햄버거 2개씩을 나눠줄 수 있는 양으로 사상 최대의 리콜이었다. 웨스트랜드사는 홀마크 도축장에서 도축된 소를 제공받아 분쇄육으로 가공하는 회사였다. 이 회사는 2004년과 2005년에 미 농무부로부터 "올해의 납품업체"로 선정되었고, 전국 학교급식 프로그램과 농무부 상품배급 프로그램의 제2위 납품업체였다. 2007년 미 농무부는 이 회사를 대상으로 감사를 벌였지만 어떠한 규정 위반도 발견하지 못했다고 보고하기도 했다.

휴메인 소사이어티의 전문가 마이클 그래거 박사는 "당국이 승인한 636개의 도축장이 미국 전역에 있지만 우린 단 한 곳만을 조사했을 뿐이죠. 이런 일들이 미국의 도처에서 벌어지고 있지 않을까 우려됩니다"라고 말했다. 실제로 이러한 사태가 발생한 직후인 2008년 4월 초 행해진 농무부 감사에서는 18개 도축장 중 4곳에서 규정 위반이 적발되기도 했다.

2008년 6월 당시 미 연방정부가 관리하는 도축·가공·보관장은 6200개나 됐다. 이 중에서 연방정부 검사 도축장은 808개이며, 소 도축장은 626개였다. 농무부 산하 식품안전검사청에 근무하는 수의사가 불과 1200명 정도라는 사실을 생각하면 제대로 된 감시는 애초부터 불가능한 일이라는 사실을 알 수 있다.

농무부 조사 결과만으로도 검사관이 평균 10% 이상 부족한 상태다. 최대 쇠고기 생산지역인 콜로라도와 텍사스에는 검사관이 15% 넘게 부족하고, 뉴욕은 22%의 결원율을 보였다. 필요 인원이 절대적으로 부족하다 보니 불법도축 단속도 힘들다. 검사가 진행되는 동안 도축장 직원들은 무전기를 이용해 검사관의 위치를 서로 알려주고 검사관의 눈을 피해 불법도축을 한다. 단속이라는 것이 '눈 가리고 아웅'이나 다름없다.

우리나라의 도축장 현실도 미국과 크게 다를 바 없다. 국내에서도 2011년 6월 병든 소 30톤을 밀도살하여 학교와 식당에 대량 유통한 도축업자가 구속되었다. 쇠고기 30톤이면 학생 9000명과 음식점 손님 12만9000명이 먹을 수 있는 분량이다.

2011년 말 현재 국내에는 87개의 도축장이 있으며, 그중 79곳이

2010년 축종별 상위 7개 도축장

순위	소		돼지		닭	
	도축장	마리수	도축장	마리수	도축장	마리수
1	농협서울	100,899	제주축협	721,101	하림	145,987,636
2	부천공판장	58,986	한국냉장	577,402	올품	72,891,436
3	김해축산물	42,224	논산축협	522,134	동우	66,848,594
4	부경공판장	40,893	도드람LPC	491,737	체리부로	52,526,898
5	축협고령	37,780	강원LPC	482,664	마니커동두천	51,536,879
6	협신식품	30,036	영남LPC	466,607	농협목우촌	23,005,498
7	도드람LPC	27,114	부경공판장	455,750	예담	21,907,195

영업을 하고 있다. 국내 도축장들은 미국 도축장들과 비교하면 손톱만큼도 안 될 정도로 작다. 국내에서 규모가 가장 큰 도축장에서 1년 동안 도축한 가축을 모두 합하더라도 미국의 대규모 도축장에서 불과 하루에 도축하는 분량에도 미치지 못한다. 국내 도축장들은 평균 부채비율이 800%에 이를 정도로 경영상태가 나빠 위생시설에 대한 투자를 외면하고 있으며, 도축물량 확보를 통한 수수료 수입에 치중하고 있다. 사정이 이렇다 보니 위생상태가 열악한 것은 말할 것도 없고, 제대로 된 무항생제 및 유기농 전용 도축장조차도 갖추지 못한 형편이다.

정부는 2011년에 도축장 선진화 방안을 발표하여 2015년 이후 도축장을 36개로 통폐합하고, 도축장에서 나오는 쇠고기와 돼지고기의 포장 유통을 의무화하기로 했다. 거점도축장을 선정하여 도축·가공·유통을 모두 연계한 축산 통합경영체를 육성하고, 농협의 '안심축산'을 가공 및 유통을 담당하는 대형 업체로 키울 계획이다. 정부는 이렇게 도축장의 규모를 크게 늘림으로써 축산물의 안전성을 높이겠다고 주장한다. 그러나 규모가 커진다고 해서 안전성이 저절로 높아질까? 앞서 봤듯이 타이슨푸드, 카길, 스위프트 같은 미국의 초대형 업체들이 생산한 육류제품들에서 여전히 식품안전 사고가 빈번하게 발생하고 있다. 가축들을 병들게 하고 극심한 스트레스로 고통스럽게 하는 공장식 축산업에서 식품안전 문제는 벗어날 수 없는 굴레와도 같다.

5 동물을 학대하고 괴롭힐수록 수익이 커지는 이유

인간, 가축, 자동차가 곡물을 놓고 벌이는 경쟁

축산 농민이 도산하지 않고 살아남기 위해서는 어떻게든 생산원가를 줄여서 이윤을 최대한 많이 남겨야 한다. 우리나라에서 소·돼지·닭 등의 가축을 사육하는 데 가장 많이 드는 비용은 사료 값이다.●

그런데 사료의 주원료는 곡물이다. 해마다 전세계적으로 생산되는 곡물은 약 20억 톤이다. 생산량의 대부분은 자국 내에서 소비하고 있으며, 교역에 사용되는 물량은 생산량의 13%인 2.5억 톤에 불과하다. 이 물량을 놓고 인간, 가축, 자동차가 각기 식량, 사료, 바이오 연료를 얻기 위해 서로 치열한 생존경쟁을 벌이고 있는 형국이다. 곡

● 통계청이 지난 2011년 5월 말에 발표한 '2010년 축산물 생산비 조사결과'에 따르면, 사육비 중에서 사료비가 차지하는 비중은 한우 번식우 44%, 한우 비육우 38%, 육우 57%, 젖소 59%에 달했다. 돼지를 기르는 데도 사료 값은 생산비의 53%를 차지했다. 닭을 기르는 경우도 마찬가지였다. 산란계는 55%, 육계는 59%가 사료 값이었다.

물 중에서 옥수수(35.1%), 밀(30%), 쌀(20.5%) 등 3대 곡물이 전체 곡물생산량의 86%나 된다. 인간과 가축이 이들 3대 곡물을 주로 먹기 때문이다.

교역량에서도 이들 3대 곡물은 전세계 곡물교역량의 90%를 점유하고 있다.(옥수수 33.9%, 밀 44.3%, 쌀 11.7%) 더군다나 곡물 수출국은 몇몇 나라에 한정되어 있다. 미국, 아르헨티나, 캐나다 등 불과 다섯 개 나라가 전세계 수출 밀의 73%, 옥수수의 93%, 쌀의 82%를 공급하고 있다. 실로 이 몇몇 국가가 전세계 곡물시장을 좌우하고 있는 것이다.

2008년 국내의 밀, 콩, 옥수수 수입 비율(단위:%)

구분	카길	에이디엠	벙기	루이 드레퓌스	일본계	기타
밀	43.9	14.5	0	0	2.1	39.5
콩	8.2	33.1	0	24.5	33.9	0.3
옥수수	27.9	22.6	7.3	5.0	10.1	27.1

우리나라는 쌀을 제외하고 옥수수나 밀은 거의 전량을 수입에 의존하고 있다. 2008년을 기준으로 국내의 곡물자급률은 옥수수 0.9%, 밀 0.35%, 콩 7.13%에 불과하다. 그런데 이들 3가지 곡물의 72.9%를 카길, 에이디엠, 벙기, 루이 드레퓌스 등 4대 곡물메이저와

마루베니, 미쓰비시 등 일본계 종합상사로부터 수입하고 있다. 우리가 수입하는 곡물 중 30%는 인간의 식용으로 사용하고 있으며, 나머지 70%는 가축사료 및 가공용이다.

2003~2008년 동안 한국의 3대 곡물 수입물량 전체에서 4대 곡물메이저가 차지하는 비중은 56.9%나 되며, 일본계 곡물회사로부터도 16.6%를 수입하고 있다.

이들 곡물메이저들은 대부분 대규모 도축장과 가공공장도 소유하고 있다. 그들은 생산자에게 돌아가는 몫이 형편없이 작다는 것을 잘 알기 때문에 직접 곡물을 재배하거나 가축을 사육하진 않는다. 그 대신 다른 방법으로 수익을 올린다. 그들은 농민들에게 곡물을 재배하는 데 필요한 특허 종자, 비료, 농약을 판매한다. 농민들이 수확한 곡물을 수집하여 대형 창고에 저장하고, 이 곡물을 가공하여 식품과 사료를 만든다. 그들이 생산한 사료는 다시 축산농가에 판매되어 소·돼지·닭을 기르는 데 사용된다. 축산농민들이 사육한 가축은 그들의 대형 도축장과 가공공장으로 팔려가서 불고기, 삼겹살, 양념 치킨, 햄버거, 피자의 원료가 된다. 곡물메이저들은 금융업에도 뛰어들어 선물거래를 하기도 하고, 농민들에게 사료나 농약을 살 자금을 대출해주기도 한다. 이렇게 그들은 '종자에서부터 슈퍼마켓까지' 식량과 관련하여 수익이 나는 모든 부문을 소유하고 있다. 이 같은 방식은 재벌의 문어발식 경영처럼 한 분야에서 실패하더라도 다른 분야에서 흑자를 내면 그 손실이 상쇄되는 효과가 있다.

곡물메이저들은 우리나라에도 진출하여 상당한 수익을 올리고 있다. 우리 정부가 추진하고 있는 농업 선진화 정책 중 하나가 국내 곡물메이저를 육성하여 식량을 안정적으로 확보하는 것이다. 다음에 살펴볼 정부의 축산업 선진화 방안도 국내 곡물메이저 육성과 밀접한 관련이 있다.

가축을 기르는 생산자보다 도축·가공·유통업계가 더 많은 이윤을 가져가는 현실에서 축산농민은 생산원가를 줄이기 위해 사료의 효율을 최대한 높여야 한다. 최소 비용으로 최대의 생산을 하기 위해서는 밀집사육 방식과 다량의 항생제와 화학약품을 사용할 수밖에 없다. 비좁은 공간에서 스트레스를 받은 가축들이 서로 싸워 상처가 나면 경제적 손실이 크기 때문에 뿔과 부리와 꼬리를 자르고, 이빨을 뽑아버려야 한다. 빨리 살찌우기 위해서 거세를 시키거나 성장호르몬제를 사용하는 수밖에 없다. 이렇듯 동물을 학대하고 괴롭히는 공장식 축산업이 등장하게 된 배경에는 경제적 이윤 동기가 있다. 재주는 곰이 넘고 돈은 사람이 버는 식으로, 고생은 가축과 농민이 하고 돈은 거대 식량메이저들이 챙기는 일이 벌어진다.

도시 노동자의 식품공급과 공장식 축산업

식품가격을 낮게 유지하려는 정부의 정책방침 때문에 농민들의 삶은 더욱 팍팍하다. 저곡가 정책은 산업화를 위한 전제조건이다.

농산물 가격을 낮게 유지하는 정책은 이농현상을 가속화시켜 농민들을 공장 노동자로 편입시킬 뿐만 아니라 노동자들이 저임금으로 생계를 유지할 수 있도록 해준다.

1930년대 대공황 직후 보통 수준의 미국 가정에서는 식품을 구입하기 위해 소득의 25%가량을 사용했다. 이후 미국의 엥겔지수는 지속적으로 하락하여 2010년엔 소득의 9.47%만을 식품구입에 사용했다. 미국 정부는 현재 식품가격을 낮게 유지하기 위하여 각종 농업보조금을 지급하고 있다. 농민에게 최저가격을 보장할 뿐만 아니라 해마다 일정액의 직접지불금도 지원하고 있다. 여기에 더해 시장가격과 직접지불금을 합친 돈이 목표가격에 미달할 경우 그 차액까지 지원한다. 카길, 타이슨푸드, 스위프트 같은 거대 농식품기업들이 농업보조금의 최대 수혜자들이다. 그들은 정부와 의회에 갖가지 방법으로 로비를 벌여 농업보조금 규모를 늘렸다. 미국 정부는 해마다 23조 원이 넘는 농업보조금을 지급하고 있으며, 이 금액은 전체 농업 예산의 25.1%에 해당한다. 사정이 이렇다 보니 농업생산액에서 농업보조금이 차지하는 비율은 14.6%에 이른다.

우리나라도 엥겔지수가 지속적으로 하락했다. 1963년 엥겔지수는 61.3%였으나 최근엔 15% 미만을 유지하고 있다. 최근 언론에선 세계 경제위기의 영향으로 2011년 엥겔지수가 6년 만의 최고치를 기록했다고 호들갑을 떨고 있지만, 그 수치는 기껏해야 14.18%에 불과했다. 물론 하위 20%의 저소득 가구의 경우 2011년 엥겔지수가

20.7%에 달해 식료품비가 상당한 부담으로 작용하고 있지만, 아직까지 대다수 사람들은 식품 공급과잉 시대에 살고 있다.

만일 도시 시민들이 지금처럼 많은 식품을 소비하는 식습관을 유지하기를 고집한다면 공장식 축산업 외에 다른 대안은 전혀 없다. 유기농이나 동물복지축산은 고소득계층을 위한 사치품이나 명품에 불과할 뿐이다. 그동안의 역사를 통해 낮은 가격에 많은 고기를 공급하는 가장 효율적인 방식은 공장식 축산업이라는 사실이 확인됐다. 동물을 학대하고 괴롭히는 공장식 축산의 근본적인 책임은 축산업계뿐만 아니라 지나치게 많은 식품을 게걸스럽게 먹어치우고 또 막대한 양을 버리고 있는 도시 시민들에게도 있다는 점을 분명하게 인식해야 한다.

인건비가 생산원가의 2배

2006년 미국 소비자들이 음식 값에 지출한 돈 중에서 생산원가는 18.5%였으며, 인건비는 그 2배가 넘는 38.7%나 됐다. 미국 농업노동의 상당 부분은 저임금의 비정규직 이민노동자들이 담당하고 있다. 이러한 추세는 우리나라도 비슷하다. 2010년 말 기준으로 농축산업비자를 발급받은 외국인 노동자는 9849명이었다. 실제로 농축산업 분야에서 일하고 있는 외국인 노동자는 1만5000명가량으로 추정되는데, 3명 중 1명은 불법 체류 상태로 고용되고 있는 셈이다.

미국 식품산업의 어두운 면을 폭로한 에릭 슐로서의 『패스트푸드의 제국』을 영화로 만든 〈패스트푸드 네이션〉은 공장식 축산업의 노동 현실을 민낯으로 생생하게 보여주고 있다. 공장식 축산업의 상징적 공간인 대형 도축장의 빠른 작업속도와 위험하고 비위생적인 작업환경을 유지하기 위해선 저임금 비정규직 노동자들이 필요하다. 멕시코에서 밀입국을 통해 미국으로 불법이민을 온 히스패닉 계열의 이민노동자들은 노동 착취와 성폭행 등의 위험에 일상적으로 노출되어 있다.

유기농과 동물복지축산을 하기 위해서는 현재보다 사육규모는 줄이되 농장에서 일하는 사람은 늘려야 한다. 항생제나 화학약품에 의존하지 않고 가축을 기르려면 농업과 생명에 대한 사랑과 이해가 깊고 보다 전문성을 갖춘 농업 노동력이 필요하다. 현재와 같이 신분이 불안한 불법 체류자나 값싼 비정규직 노동자를 고용하는 방식으로는 그게 불가능하다. 더 잘 대우받는 노동자가 가축들도 더 잘 돌보지 않겠는가. 당연히 축산업의 인건비는 상승할 수밖에 없다. 그렇게 되면 고기와 우유와 계란 가격이 오르는 건 불가피하고, 결국 축산물의 가격 상승은 도시 시민들의 소비를 위축시킬 것이다. 현재와 같은 상황에서 농민들이 동물복지축산 방식을 택하기 힘든 이유다. 규모화와 상업화에 성공한 일부를 제외하면 대부분의 농민들은 유기농과 동물복지축산으로 수지타산을 맞추기 어려운 실정이다.

6 공장식 축산업을 부추기는 축산업 선진화 방안

소값 파동과 농업정책의 변화

앞 장에서 본 것처럼 가축복지는 그 가축을 기르는 농민의 상황과 떼려야 뗄 수 없는 문제다. 구조적으로 공장식 축산만이 수지타산을 맞출 수 있고, 농민들이 가축에 대한 인도적 처우를 할 수 없는 상황이라면, 고통스럽게 자란 가축의 고기를 사람들이 먹는 것은 피할 수 없다. 가축이 행복한 농장을 만들기 위해서는 농민의 삶 또한 들여다봐야 한다.

1970년대 말부터 신자유주의가 유행하면서 정부는 개방농업정책을 실시하기 시작했다. 개방농정의 뿌리는 1978년 제1차 자유화조치와 1979년 경제안정화 종합시책에서 비롯되었다. 박정희 유신정부는 농산물 수입개방조치의 일환으로 18개 농수산식품에 대하여 가격안정재도를 설치하여 운용했으며, 8개 농산물에 대해서는 최소비축제를 실시했다.

● 복합영농이란 쌀이나 보리 같은 미곡 농사만을 짓는 것이 아니라 특용작물, 채소, 과일, 가축을 함께 재배하거나 사육하는 것을 말한다.

12 · 12 쿠데타와 5 · 18 광주학살로 집권한 전두환 정부는 복합영농●을 통해 농가소득을 다양하게 높이겠다는 명분으로 1981년 미국과 호주 등에서 생우生牛 14만여 마리를 들여왔다.

소값은 지속적으로 상승하여 1983년엔 208만 원까지 치솟았다. 1970년에 소 한 마리 가격이 14만 원이었으니 무려 15배가 상승한 것이다. 잠깐이나마 정부의 외국산 생우 입식 장려정책과 사육두수 증가 정책이 성공한 듯 보였다.

그러나 1984년부터 떨어지기 시작한 소값은 1986년 103만 원까지 폭락했다. 소값이 3년 만에 절반으로 떨어진 것이다. 빚더미가 눈덩이처럼 불어난 농가는 파산지경에 이르렀고, 정부의 축산정책에 항의하는 시위를 벌였다. 정부는 부랴부랴 농어촌종합대책(1986년)과 농어촌발전종합대책(1989년)을 내놓았다. 이 대책에서 정부는 스스로 장려하던 복합영농정책을 폐기하고 전업농●●을 육성하겠다고 밝혔다. 당시 농림부는 전업농이 "도시 근로자 상위 30% 소득계층의 가구당 평균 소득과 균형을 이룰 수 있는 소득"을 올릴 농가라고 설명했다.

정부는 농어촌특별법(1990년)을 만들어 "경영규모 적정화와 경영합리

●● 전업농이란 농사만으로 교육비와 문화생활비를 포함한 생활비를 모두 충당하고 신규투자까지도 가능한 규모의 농사를 짓는 농가를 말한다.

화를 도모함으로써 생산성을 향상시킬 수 있도록" 전업농을 육성하고, "농수산업의 구조조정에 필요한 정책자금을 우선적으로 지원"하겠다고 밝혔다. 농가의 대부분을 차지하는 소규모 농가들을 포기하고, 몇몇 대규모 농가 위주로 농업구조를 바꾸는 신자유주의 농업 구조조정정책을 추진하겠다는 의지를 법률로 명문화한 것이다. 이 법은 이후에 들어선 정부들의 농업정책의 토대가 됐다.

소값이 폭락하자 농민들은 너도나도 암소와 송아지를 내다팔았다. 1990년에 사육두수가 162만 마리로 줄어들었다. 1983년 사육두수가 194만 마리였으니 그 사이 18%가량 감소한 것이다. 소값은 다시 오르기 시작하여 1995년에 309만 원까지 상승했다. 축산농민들은 다시 암소와 송아지를 사들였다. 소값이 출렁거리면서 가축의 생명과 농민의 삶도 출렁거렸다.

대통령이 바뀌어도 변하지 않는 농업정책

김영삼정부는 1993년 7월 신농정 5개년 계획을 발표했다. 이 계획은 이듬해 6월, 농산물 완전개방 시대에 대비하여 농어업의 국제경쟁력을 강화하기 위해 2004년까지 15만 가구의 전업농을 육성하겠다는 것으로 구체화되었다. 우리 경제는 1995년 세계무역기구WTO에 가입하면서 개방이 더욱 확대되었는데, 정부는 1994년 가장 큰 피해를 입을 것으로 예상되는 농업계에 농어촌특별세라는 당근을

던져주었다. 1994년 이후 20년 가까이 제목만 바꾼 채 쏟아낸 농업 대책들의 재원은 대부분 이 농어촌특별세를 통해 마련되었다.

그러나 정부의 15만 전업농 육성계획은 전형적인 탁상공론에 불과했다. 정부는 2001년까지 논 3~5헥타르를 경작하는 전업농 7만 가구와 5헥타르 이상을 경작하는 3만 가구 등 쌀 전업농 10만 가구를 육성하겠다고 발표했다. 이 계획은 실현가능성이 0%였다. 왜냐하면, 1993년에 3헥타르 이상 쌀농사를 짓는 농가는 전체 농가의 1.8%인 2만8900호에 불과했기 때문이다. 3헥타르는 9075평이며, 약 45마지기에 해당한다. 2010년에 이르러서도 논이든 밭이든 구분 없이 3헥타르 이상을 경작하는 농가 숫자는 9만도 되지 않았다.

15만 전업농 육성이 현실성 없는 계획이라는 비판에 직면한 정부는 1996년 전업농 육성 목표를 수정하여 농가수를 줄이고 경영규모를 늘렸다. 그 결과 2004년까지 5~20헥타르 규모의 쌀농사를 짓는 농가 6만 호, 한우 150마리 및 양돈 1000마리 이상을 사육하는 축산농가 3만 호, 과수나 화훼 농가 3만 호 등 12만 호의 전업농을 육성하겠다고 밝혔다. 수정된 계획도 현실성이 없기는 마찬가지였다. 정부가 발표한 2004년 통계를 보면, 논 3헥타르 이상 전업농은 3만 호밖에 되지 않았다. 더군다나 6헥타르 이상은 7000호, 10헥타르 이상은 1000호에 불과했다.

김대중정부는 1998년 10월 농업·농촌발전계획에서 1999~2004년까지 농업분야 투·융자 규모를 45조 원으로 늘리겠다고 발표했다. 그러나 스스로를 '국민의 정부'라고 부른 것과 달리 김영삼정부의 신자유주의 농업정책을 그대로 계승한 데 불과했다.

한편 1996년 이후 사육두수가 늘어난 데다 1997년 IMF 금융위기로 경기가 침체되자 소값은 다시 189만 원까지 떨어졌다. 이번엔 다시 암소와 송아지를 내다팔 차례가 되었다. 사육두수는 또다시 줄어들었고, 2003년 미국에서 광우병이 발생하여 수입금지까지 되자 소값은 583만 원으로 치솟았다.

'참여정부'를 표방한 노무현정부에서도 기존의 신자유주의 농업정책은 더욱 강화되었다. 노무현정부는 2004년 2월에 발표한 농업·농촌종합대책에서 농업 구조조정을 통하여 규모화를 이루어 친환경적이고 고품질 농산물을 생산하겠다고 밝혔다. 투·융자 금액도 크게 늘려 2004~2013년까지 10년간 119조를 투입할 계획이라고 했다. 전두환·노태우 정부 당시 전업농이 "도시 근로자 상위 30%"에 상응하는 소득을 이룰 것이라던 허풍이 참여정부에서도 다시 등장했다. 참여정부는 농민들에게 "도시 근로자에 상응하는 소득을 실현하겠다"는 약속을 했다. 물론 어느 누구도 이 약속이 실현 가능하다고 믿지 않았다.

대통령은 바뀌어도 농림부 관료들은 그대로 남아 있었기 때문에 전업농의 규모를 더욱 키워 농업의 체질을 튼튼히 하겠다는 규모화 정책은 참여정부에서도 변함없이 추진되었다. 이런 모습을 보고 농민들은 "규모화하면 규모 있게 망한다"는 자조 섞인 실망감을 드러냈다.

참여정부에서도 소 가격 사이클이 또다시 반복되었다. 미국산 쇠고기 수입이 전면 중단된 2004년 이후 사육두수가 늘어났고, 2006년엔 한미 자유무역협정 협상 개시를 위한 선결조건으로 미국산 쇠고기 수입이 재개되었다. 그해 이르러 한우 가격은 다시 450만 원까지 떨어졌다. 그런데 4월 이명박 대통령의 취임 후 첫번째 방미 선물로 30개월 이상 미국산 쇠고기까지 전면적으로 개방한 졸속협상이라는 변수가 발생했다. 분노한 국민들은 전국적으로 촛불시위로 저항했고, 한우 가격은 2009년에 610만 원까지 올랐다. 정부의 잘못으로 인해서 2008년에 가격 하락으로 공급이 조절될 기회를 놓친 것이다.

농가의 도덕적 해이와 정부의 늑장 대응

2008년 이후 세계경제 위기로 소비가 둔화되기 시작했고, 석유와 곡물값이 올라서 사료가격이 상승했지만 농가들은 사육두수를 줄이지 않았다. 오히려 농가들은 암소를 계속 들여왔다. 송아지 가격이 떨어진 만큼 정부가 돈을 대주는 송아지 생산안정제가 오히려 사육두수를 늘리는 역효과를 가져온 측면도 있었다.

농촌에 마땅한 소득 작목이 없는 상황이라 농민들이 앞다투어 수익이 많이 나오는 한우 사육으로 몰렸던 것이다. 실제로 2010년 농림어업생산액은 1위 쌀, 2위 돼지, 3위 한우, 4위 닭, 5위 우유, 6위 계란, 7위 오리 순이었다. 상위 7개 품목 중 6개가 축산업 분야였다. 2010년 농림업생산액 43조5000억 원 중에서 축산업 생산액은 17조 5000억 원으로 전체의 40%가 넘었다.

2010년 말~2011년 초의 구제역 사태 이후, 한국과 미국의 의회에서 한미FTA가 비준됨에 따라 미국산 쇠고기 전면개방이 임박해 지면서 소값은 곤두박질쳤다. 2012년 1월 초 산지에서 600kg짜리 수소 한 마리 가격은 474만 원으로 떨어졌는데, 2009년 610만 원과 비교할 때 가격이 22%나 하락한 것이다.

정부는 뒤늦게 임신이 가능한 암소의 사육두수와 연동하여 송아지 생산안정제 보전금을 차등 지급하는 계획을 발표했다. 기존에는 무조건 송아지 가격이 165만 원 미만으로 떨어질 경우 30만 원까지 차액을 지급했다. 앞으로는 임신이 가능한 암소가 90만 마리 미만이면 마리당 40만 원, 90만~100만 마리일 때 30만 원, 101만~110만 마리일 때 10만 원, 110만 마리를 초과할 경우엔 보전금을 취소할 계획이다. 송아지 생산안정 기준도 20만 원을 더 올려 185만 원으로 상향 조정하기로 했다. 또한 한우 암소 도태 장려금을 지급하고, 군인들의 급식으로 돼지 대신 한우 암소를 군납하기로 했다.

농가의 도덕적 해이와 정부의 뒤늦은 대응은 소값 폭락의 해법을 둘러싸고 축산농가와 정부가 치킨게임을 벌이게 만들었다. 축산농가는 한우값 하락을 막기 위해 정부에서 소 30만 마리를 수매해

줄 것을 요구하고 있다. 수매한 쇠고기는 군납을 하든지 북한에 보내든지 알아서 하라는 것이다. 수매와 보조금 지급 정책은 농가에 가장 유리한 해법이다. 반면 정부는 축산업계의 요구대로 수매를 할 경우 2년 후에 소값 폭등을 야기할 수 있으므로 시장기능에 맡기겠다고 밝혔다. 오히려 정부는 소값 폭락을 축산업 구조조정을 할 수 있는 좋은 기회라며 반기고 있다.

그러나 농가의 도덕적 해이보다 더 심각한 것은 정부의 농업포기 정책이다. 정부는 미국, 호주, 캐나다, 유럽연합 등과 무차별적으로 자유무역협정을 추진하면서 농민들을 생존의 벼랑 끝으로 몰았다. 미국산과 캐나다산 쇠고기가 광우병 발생 이전인 2003년 수준으로 시장 점유율을 회복하려면 아직 멀었는데도 벌써 축산농가의 몰락이 눈앞의 현실이 되고 있다.

소값 폭락을 시장기능에 맡기는 것은 금융기업이 위기를 맞았을 때 정부가 택한 해법과 비교했을 때 형평성이 너무 맞지 않는다. 정부는 1997년 외환위기 이후 보험사에 21조 원, 우리금융지주에 12조7000억 원의 공적자금을 쏟아부었다. 부동산 투기로 망할 지경에 놓인 저축은행에 투입된 공적자금도 5조4000억 원이 넘는다. 이들 금융회사들은 500억이 넘는 손실이 났어도 제멋대로 수십억을 배당하고, 임직원들의 월급을 무더기로 올려주었다. 대주주는 어처구니없게도 배당액의 20%를 챙기는 센스(?)까지 발휘했다.

그런데도 축산업의 위기는 시장에 맡긴다며 수수방관하는 것은 정부의 역할을 스스로 포기하겠다고 선언하는 것이나 마찬가지다. 농업은 식량안보 또는 식량주권, 환경보호, 농촌 지역사회 유지 등을 위해 정부의 보조가 필수적인 분야다. 세계 어느 나라도 농업을 탐욕스럽고 야만적인 시장에만 맡겨두는 나라는 없다. 앞에서 확인했듯이 미국 또한 막대한 농업보조금을 지급하고 있다.

위기에 빠진 축산 농가를 살려내기 위해서는 불가피하게 공적자금을 투입해야 한다. 소를 키울 농민이 사라진 다음엔 아무리 좋은 대책을 세워도 소용이 없게 될 테니 말이다. 다만 대규모 기업농이 대부분의 공적자금 수혜를 받는 방식은 곤란하다. 생태, 환경, 동물복지를 고려한 사육방식 전환을 전제로 소규모 농가들을 우선적으로 구제해주는 것이 아주 시급하다.

대규모 농기업 육성을 위한 농어업 선진화 정책

이명박정부는 '농어업 선진화' 정책을 지속적으로 추진했다. 2009년 3월 대통령의 뉴질랜드 방문을 계기로 뉴질랜드형 농업개혁을 벤치마킹하기 위해 농어업선진화위원회를 꾸렸다. 농어업 선진화위원회에서는 녹색성장과 미래의 성장동력을 설정한다는 명분으로 유전자조작 작물의 재배를 확대하는 방안을 모색하고, 대규모 간척지를 만들어 수출 중심의 농기업을 육성하는 농식품 산업단지를 조성하고, 농업경쟁력 강화를 위해 외국인과 민간자본의 투자 유치를 확대하고, 규모가 큰 농업기업에 정책자금이나 농업금융을 집중적으로 지원하거나 여러 가지 규제를 완화하는 방안 등을 논의했다. 정부의 농어업 선진화 방안은 한마디로 중농이나 소농은 농업분야에서 퇴출시키고 대규모 농업기업을 육성함으로써 신자유주의 농업 구조조정을 완성하겠다는 것이다.

농업정책이라기보다는 기업 육성정책에 가까운 농어업 선진화 방안은 2011년 9월 말에 '식품산업진흥 기본계획 200-200'으로 더욱 구체화되었다. 이 계획은 마치 '747공약'처럼 "2017년까지 식품산업 시장규모를 245조 원으로 확대하고, 농식품 수출 200억 달러를 달성하고, 식품산업 고용을 200만 명으로 확대하겠다"는 장밋빛 환상으로 가득 차 있다.

정부는 WTO 협상이나 FTA 등으로 농산물시장이 완전히 개방돼 농업·농촌·농민의 존립 자체가 위태로운 상황에서 농식품 수출 드라이브 정책을 표방했다. 하지만 이는 농업이 아니라 식품기업을 지원하는 정책에 불과하다. 2010년 우리나라의 농식품 수출액은 약 59억 달러였다. 그중에서 채소, 화훼, 김치, 과일, 목재, 돼지고기, 닭고기 등 농산물은 7억 달러에 불과했다. 식품업계의 주력 수출 품목인 소주, 라면, 커피, 설탕 같은 품목은 국내 농업이나 농민과는 거의 관련이 없다. 오히려 식량자급률이 떨어지는 상황에서 농산물의 수출증가는 실현 가능성도 희박할 뿐만 아니라 농업을 회생시키지도, 농민의 삶을 개선시키지도 못할 것이다.

소농을 도태시키고 대형 농장을 만들려는 허가제

2010년 11월부터 이듬해 봄까지 계속된 구제역 사태는 대재앙을 몰고 왔다. 2011년 3월 30일까지 소 15만1000마리, 돼지 331만 7000마리, 염소 8000마리, 사슴 3000마리 등 348만 마리의 가축을 매몰했다. 같은 시기 고병원성 조류독감도 유행하여 627만 마리의 닭과 오리를 매몰했다.

이렇게 많은 가축을 한꺼번에 살처분을 하다 보니 안락사를 시키지 않고 생매장하는 일이 비일비재했다. 수백 수천의 가축이 산 채로 매장당하는 아비규환의 현장을 본 사람들은 심각한 정신적 충격을 받기도 했다. 매몰지에서 침출수가 새어나와 발생하는 2차적인 환경오염도 심각한 문제가 되었다. 특히 정부가 초기에 제대로 대응하지 못해 구제역이 전국적으로 확산되었다는 비판이 나왔다.

하지만 정부는 자신의 정책 실패에 대한 반성을 하지 않고, 방역체계 개선과 축산업 선진화 방안을 꺼내들었다. 그러나 정부는 2010년에도 발표했던 똑같은 방안을 재탕하고 삼탕하여 우려먹고 또 우려먹었다. 한마디로 축산업 선진화 방안은 농업선진화의 연장선에 있는 정책으로, 축산업 허가제 등의 규제 위주 정책을 펴서 대규모 축산 농가를 중심으로 축산업 구조조정을 하겠다는 방안에 불과하다.

수의과학검역원 · 식물검역원 · 수산물품질검사원 3개 기관을 통합하여 농림수산식품 검역검사본부를 설립한 것도 구제역 초동방역

대규모 축산농가(전업농 규모의 2배 이상)의 사육두수와 비율(2011년 기준)

축종	대상규모	호수	(%)	개체수	(%)
한·육우	100이상	4390	(2.6)	80만	(27.4)
젖소	100이상	994	(15.6)	13만2000	(30.8)
돼지	200이상	1456	(19.8)	624만5000	(63.2)
산란계	3만 이상	596	(38.8)	4856만6000	(78.7)
육계	5만 이상	601	(34.1)	4401만4000	(56.5)
오리	1만 마리	581	(11.0)	1115만	(87.6)

실패를 해결하는 것과는 전혀 상관이 없다. 이것은 농식품부가 오래 전부터 추진해온 정부조직개편 방안일 뿐이다. 초동방역 실패는 농식품부 산하 수의과학검역원과 지방자치단체 산하 가축위생연구소가 서로 업무협조가 되지 않았기 때문이다. 조직개편은 수의과학검역원과 가축위생연구소를 통합하는 방향으로 가야 하고, 인사교류와 교육을 통해 진단 능력을 향상시키는 것이 더 중요하다.

2011년 현재 돼지·닭·오리는 규모화가 상당 수준으로 진행되었다. 돼지의 경우 2000마리 이상을 사육하는 1456호의 농가가 624만5000마리의 돼지를 사육하고 있다. 20%의 양돈농가가 전체 사육돼지의 63%를 사육하고 있는 셈이다. 산란계의 경우 3만 마리 이상 규모의 농가가 596호에 불과한데, 이들이 전체 산란계의 78.7%에 해당하는 4800만 마리 이상을 기르고 있다. 오리는 1만 마리 이상을 기르는 581호(11%)의 농가가 1100만 마리(88%)를 사육하고 있다. 한우와 육우를 100마리 이상 기르는 농가는 4390호로 전체 농가의 2.6%에 불과하지만, 이들은 전체 사육 한·육우의 27%가 넘는 80만 마리의 소를 사육하고 있다. 한·육우는 아직까지 7마리 이하를 사육하는 소규모 농가가 50%를 넘기 때문에 다른 가축에 비해서 규모화가 덜 된 편이다.

정부는 2012년부터 축산업 허가제를 도입하겠다고 발표했다. 그리고 소·돼지·닭·오리 등 4가지 가축사육업을 대상으로 농가의 규모에 따라 2012년부터 2015년까지 단계별로 허가제를 도입할 예정이다. 2012년부터 한·육우 100마리, 젖소 100마리, 돼지 2000마리, 산란계 3만 마리, 육계 5만 마리, 오리 1만 마리 이상을 사육하는 전업농 2배 규모의 농가는 축산업 허가제의 대상이 된다. 2013년엔 전업농, 2014년엔 준전업농, 2015년엔 사육면적 50㎡이상의 소규모 농가까지 허가제를 적용한다. 기존 농가는 유예기간을 적용받아 1년 후 방역 및 소독시설, 분뇨처리시설, 폐사축 처리 등 시설기준을 점검받아야 하고, 신규 농가는 유예기간 없이 곧바로 시설기준을 충족해야 한다.

그러나 이미 국내에서는 사실상 허가제와 다름없는 축산업 등록제가 2003년 12월부터 시행중이다. 축산 농가는 적정한 축사면적 확보를 위해 건축 허가를 받아야 하고, 청결유지 의무를 위해 소독

시설을 설치하고 축산폐수배출시설 허가를 받아야 한다. 뿐만 아니라 축산업 등록을 위반하면 2년 이하의 징역이나 2000만 원 이하의 벌금을 물게 된다. 그런데도 축산업 허가제를 새로 시행하려는 이유는 소규모 농가를 도태시키기 위해서라고 볼 수 있다. 소규모 농가는 현실적으로 정부가 요구하는 시설기준을 충족하기 힘들 뿐더러 시설투자를 할 경제적 여력이 없다. 정부가 시설자금을 융자해준다고 하더라도 소규모 사육으로는 수지타산이 맞지 않아 빚더미에 앉을 것이 뻔하다.

2004년보다 더 줄어든 2011년 적정사육면적

2011년의 축산업 선진화 방안으로 나온 축산업 허가제 내용을 보면 가축 한 마리를 사육하는 데 필요한 최소한의 면적 기준이 오히려 더 낮아졌음을 알 수 있다. 양돈 분야를 비교해보자. 다음의 표에서 나타나듯 새로 정해진 기준은 모든 부분에서 규제가 완화되었다. 돼지들을 더 좁은 장소에 몰아넣고 기를 수 있게 된 것이다.

이처럼 기준이 완화되어 돼지 사육밀도가 높아진 것은 양돈업계의 요구를 농식품부와 수의과학검역원, 축산과학원이 수용했기 때문이다. 2011년 기준은 축산업계 요구와 정부의 타협안을 최악으로 절충한 것에 불과하다고 할 수 있다.

사육기준은 양돈뿐만 아니라 육계에서도 완화되었다. 기존 기

돼지 성장단계별 사육두수 기준 변화(단위 : ㎡)

구분	번 식 돈			비 육 돈	
	웅돈	종부 대기돈	후보돈	육성돈	비육돈
2004년	9.7	1.4(스톨) 3.1(군사)	3.1(군사)	0.6	0.9
2011년	6.0	1.4(스톨) 2.6(군사)	2.3(군사)	0.45	0.8

스톨: 길이 2m, 폭 0.6m의 금속틀(스톨)에 임신돈을 가두어 사육하는 방식.
군사: 임신돈을 평사에 무리지어 사육하는 방식 방식
종부 대기돈: 교배를 시킬 예정인 암퇘지
후보돈: 출산 경험이 없는 교배 전의 암퇘지

준으로는 닭 한 마리당 일정 면적을 보장해야 했다. 이를 상대적으로 작은 크기의 닭을 사육하는 한국 업계의 요구를 수용해 ㎡당 닭 몸무게로 기준을 바꾸었다. 작은 닭들을 더 빽빽하게 기를 수 있게 된 것이다.

영국 정부의 동물복지 기준에서는 "고기용으로 사육하는 닭들의 수용밀도는 최대 ㎡당 34kg 이하이어야 하며, 사육기간 중 어느 때라도 이를 초과해서는 안 된다"고 규정하고 있다. 영국의 수용밀도는 미국이나 유럽에서 일반적으로 도축할 때의 체중인 1.8~3.0kg까지 사육할 경우를 전제하고 있다. 우리나라에서 사육되는 닭의 평균 도축 몸무게는 1.5~1.8kg이다. 영국 정부는 "이보다 더 낮은 체중에서 도축할 경우에는 수용밀도를 더 낮춰야 한다"고 밝히고 있다. 그에 비해 2011년 축산업 선진화 기준은 최소한의 동물복지 기준도

닭 시설형태별 수당 소요면적 변화

구 분	시설형태		소요면적	
			2004년	2011년
육 계	무창계사		0.042㎡/마리	39kg/㎡
	개방계사	강제환기	0.046㎡/마리	36kg/㎡
		자연환기	0.066㎡/마리	33kg/㎡

지키지 못하고 있는 것이다.

한국 정부는 지금까지 소규모 농가를 없애고 공장식 축산업을 육성하는 방향으로 정책을 추진해왔다. 가축업의 규모를 키워 '선신화'하려는 시도는 가축을 더 열악한 사육 환경에 몰아넣는 것으로 귀결되고 있다. 작게 농사를 짓던 농민들은 몰락하고 가축들은 더 좁아터진 축사에서 괴로운 삶을 살게 됐다.

가축이 행복해야

제3장

인간이 건강하다

공장식 축산업이 인간 건강에 미치는 영향

7 신종플루보다 더 무서운 신종 전염병 '비만'

육식, 패스트푸드, 탄산음료는 비만을 일으키는 주범

원시시대부터 20세기 초반까지 인간은 굶주림에 시달리며 살았다. 때문에 뚱뚱보는 부러움의 대상이자 부의 상징이었다. 그러던 것이 제2차 세계대전 이후에 먹을 것이 풍부해지면서 세상에는 뚱보들이 넘쳐나게 됐다. 이제 상황은 뒤바뀌었다. 뚱뚱보는 질병에 걸려서 치료를 받아야 하는 대상으로 전락했다.

실제로 비만은 심혈관계 질환, 당뇨병, 암, 근골격계 이상 등의 원인으로 지목받고 있다. 당뇨환자의 44%, 국소빈혈성 심장병 환자의 23%, 각종 암 환자의 7~41%는 비만이 병의 원인인 것으로 추정된다. 국제암퇴치연합UICC은 "비만은 뇌졸중, 심장병 등 혈관질환뿐만 아니라 암의 원인이 되는 인류 최대의 적이다. 암 정복의 첫

걸음은 바로 비만을 퇴치하는 것으로부터 시작된다"며 비만과의 전쟁을 선포했다. 비만과 과체중을 예방하면 전세계적으로 암 발병을 300~400만 건이나 줄일 수 있을 것으로 예상된다.

한편 축산업계와 외식업계에서는 비만과 질병은 서로 인과관계가 없다고 주장하고 있다. 미국 내 전국 레스토랑 연합체가 시민단체로 위장하여 설립한 소비자자유센터The Center for Consumer Freedom는 비만으로 인해서 질병이 생긴다는 것은 그릇된 신화라며 육식을 적극적으로 권장하고 있다. 그들은 담배회사들이 소비자로부터 소송을 당한 것처럼 '햄버거 소송'으로 막대한 배상을 해줘야 할까 봐 이를 모면하기 위해 갖가지 캠페인을 벌이고 있다.

그러나 육류 위주의 식습관, 햄버거나 감자튀김 같은 패스트푸드, 콜라와 사이다 같은 탄산음료가 비만을 일으키는 주범이라는 주장은 과학적으로 증명된 사실이다. 세계보건기구는 지방, 당분, 소금 등이 다량 첨가된 음식을 선호하는 전세계인의 식생활 습관이 비만의 첫번째 원인이라고 밝힌 바 있다. 지방과 당분과 소금이 많이 들어 있는 비만 식품들은 다국적 거대 농식품기업들의 호주머니를 두둑하게 해주는 효자 상품이다. 그들은 대형곡물창고에 가득 쌓인 옥수수에서 액상과당을 추출하여 패스트푸드, 탄산음료, 과자 등의 가공식품에 첨가한다. 액상과당을 추출하고 남은 옥수수 찌꺼기는 가축 사료의 원료로 가공해 축산농장에 판다. 공장식 축산농장에서 이 사료를 먹고 살이 찐 가축들은 다국적 거대 농식품기업들이 소유한 도축장에서 도살되어 햄버거, 피자, 핫도그의 원료가 된다. 또한 이들 기업은 무역자유화 조치를 통해 세계 각국의 먹을거리 문화를 획일화시켜 전세계인이 햄버거와 콜라를 구매하도록 부추긴다.

식품회사들은 자신들의 매출과 수익을 높이기 위해 더 많은 식품을 소비하도록 은밀하게 유도한다. 그들이 사용하는 가장 대표적인 수법은 빅맥 햄버거의 경우처럼 포장단위를 크게 하는 것이다. 햄버거에 들어가는 쇠고기 패티를 2장으로 늘리면 그만큼 소비량이 더 늘어난다. 식품회사들은 쇠고기 패티를 2장으로 늘리는 것도 모자라 거기에다 베이컨 2장을 더 추가한 제품까지 내놓았다. 아이스크림, 감자튀김, 콜라 회사들도 용량을 늘린 신제품을 출시하고 있다. 식품 소비량을 늘리기 위해 인기 연예인을 모델로 고용하는 등 광고에도 막대한 자금을 쏟아붓고 있다. 식품회사들이 이렇게 식품의 과잉 소비를 유도하여 엄청난 수익을 올릴 수 있는 것은 공장식 축산을 통해 지속적으로 고기를 값싸게 공급받을 수 있기 때문이다. 가축들의 살을 먹으며 사람들이 살이 찌는 만큼 식품회사들도 살찌는 것이다.

다국적 거대 농식품기업들이 막대한 이윤을 올리는 것과 비례해 해마다 비만과 과체중으로 목숨을 잃는 사람들도 늘어가고 있다. 2010년 세계보건기구WHO는 매년 전세계적으로 비만과 과체중●으로 목숨을 잃는

● 몸무게를 키의 제곱으로 나눈 신체질량지수(BMI)로 비만과 과체중을 측정한다. 예컨대 70kg에 175cm이면 70/(1.75x1.75)=22.9로 이 사람의 신체질량지수는 22.9다. 일반적으로 신체질량지수가 25~29로 나오면 과체중이라 하고, 30을 넘으면 비만으로 본다.

사람이 최소한 260만 명이 넘는다고 밝혔다. 사망자 20명 중 1명은 비만 때문에 죽는다는 이야기다.

비만은 웬만한 전염병보다 더 무서운 질병이다. 2009년 봄부터 1년 동안 전세계를 공포에 떨게 만든 신종플루 대유행으로 사망한 사람이 18만5000명이었는데, 같은 해에 이보다 14배나 더 많은 사람이 비만으로 생명을 잃었다. 게다가 비만은 신종플루 증상을 악화시키고 사망률을 높이기까지 한다. 미국 캘리포니아 공중보건국이 2009~2010년 캘리포니아에서 신종플루로 입원한 중환자와 사망자를 조사했다. 그 결과 중환자의 51%, 사망자의 61%가 신체질량지수 30 이상의 비만이었다. 비만인 사람은 신종플루로 사망할 위험이 일반인보다 2~3배 높다.

비만으로 사망한 사람의 수는 전염병 수준으로 증가하고 있으며, 예전엔 부자 나라들의 전유물로 여겨졌던 비만 문제가 이제는 개발도상국과 가난한 나라에까지 널리 퍼지고 있다. 이들 나라는 자유무역이 점점 확대됨에 따라 식생활이 급속도로 서구화되었다. 비만은 부자 나라에서 가난한 나라로, 도시에서 농촌으로 전염병처럼 번져나갔다. 이에 따라 다국적 거대 농식품기업들의 호주머니는 두둑해졌고, 개발도상국과 가난한 나라의 국민들은 뚱뚱해졌다.

지난 2005년에 전세계적으로 15세 이상 인구 가운데 16억 명이 과체중이며, 최소한 4억 명이 비만일 것으로 추정되었다. 2015년엔 과체중 인구가 23억 명으로 늘어나고, 비만 인구도 7억 명으로 늘어날 것으로 예상된다. 어린이 비만 문제도 심각하여 5세 이하 과체중 어린이가 우리나라 전체 인구와 맞먹을 정도로 많은 상황이다.

2009년 경제개발협력기구OECD는 2006년부터 2008년까지 30개 회원국의 15세 이상 국민의 비만 상태를 조사해 발표했다. 예상대로 최고 뚱뚱보의 나라는 육류와 패스트푸드의 제국으로 불리는 미국이었다. 신체질량지수가 30을 넘는 비만 미국인의 비율은 34.4%로 나타났다. 신체질량지수가 25를 넘는 과체중 인구 비율은 무려 64%에 이른다. 미국인 10명 중 6명 이상이 과체중 상태인 셈이다. 미국 질병관리본부가 2012년 1월 발표한 「미국 비만 실태 보고서」에서는 그사이 비만 인구가 더 증가한 것으로 나타났다. 20세 이상 미국 성인의 35.7%가 비만이었으며, 과체중 및 비만비율은 68.8%(남성 73.9%, 여성 63.7%)에 이르렀다. 2~19세의 어린이 및 청소년 인구에서 비만으로 분류된 숫자도 1300만 명(17%)이나 되었다. 미국의 어린이 6명 중 1명은 비만인 셈이다.

미국 다음으로 비만 비율이 높은 나라는 멕시코(30%), 영국(24%), 그리스(21.9%), 호주(21.7%), 뉴질랜드(20.9%) 순으로 나타났다. 우리나라는 3.5%로 OECD 국가 중에서 가장 낮았으며, 일본이 3.9%로 두 번째로 낮았다.

하지만 우리나라 사람들도 갈수록 뚱뚱보가 돼가고 있다. 비만 인구 비율은 미국의 10분의 1에 불과하지만, 과체중 인구는 전체 인구의 30%가 넘는다. 보건복지부가 2011년 11월 발표한 2010년 국민건강영양조사 결과에 따르면, 우리나라 19세 이상 성인의 30.8%가 과체중으로 나타났다. 남성 3명 중 1명, 여성 4명 중 1명, 그리고 소아와 청소년 10명 중 1명이 과체중 상태다.

당뇨, 심장병, 암을 일으키는 비만

전세계 사람들이 점점 뚱뚱보가 되어갈수록 식품회사들의 호주머니는 두둑해지는 반면에 개인과 정부가 지출하는 사회적 비용은 눈덩이처럼 불어나고 있다. 미국에서 비만으로 인한 직접적인 의료비 지출은 2008년에 1470억 달러(169조 원)나 됐다. 1998년에 비해 2배로 증가한 액수다. 의료비 지출의 대부분은 약값이다. 평균 체중의 사람들은 1년에 약값으로 700달러를 쓰고 있는데, 비만인 사람들은 무려 1300달러를 지출하고 있다.

10년 후에는 그 비용이 또다시 2배 이상 증가하여, 전체 의료비용의 21%를 차지하게 될 전망이다. 유나이티드 건강재단의 리드 턱슨은 2018년에는 미국인 중 43%가 비만일 것이며, 그로 인한 의료비가 3440억 달러에 달할 것으로 예상했다. 비만과 밀접한 관련이 있는 당뇨, 심장병, 암을 치료하기 위해 연간 1조8000억 달러(2070조 원)가 들 것으로 추정된다.

통계청이 2011년 9월 발표한 '2010년 사망원인 통계 결과'에 따르면, 우리나라 사람의 절반가량은 비만과 밀접한 관련이 있는 암,

뇌혈관질환, 심장질환으로 사망하고 있다. 이 3가지 질병으로 목숨을 잃은 사람은 전체 사망자의 47.8%에 이르렀다.

우리나라에서도 비만으로 인한 사회경제적 비용 지출이 만만치 않다. 인제대 서울백병원 강재헌 교수팀은 2005년 한국인 성인 비만의 사회경제적 비용을 1조7922억 원으로 평가했다. 이 금액은 전체 국민 의료비의 3.7%, 국내총생산GDP의 0.22%에 해당한다. 이는 1998년에 비해 4.2배나 증가한 것이다. 증가 비율만 놓고 본다면 미국보다도 2배 이상 가파르게 올랐다. 한국 사람들은 급격히 살이 찌고 있다.

비만과 관련하여 국내에서 의료비 지출이 가장 높은 질병은 당뇨병이다. 당뇨병으로 연간 5958억 원의 의료비가 지출됐다. 다음으로 고혈압으로 5506억 원, 뇌졸중으로 2322억 원, 허혈성 심장질환으로 1825억 원이 소요되었다. 비만인 사람은 정상 몸무게인 사람보다 당뇨병에 걸릴 위험이 5배, 고혈압 발병률이 3.5배나 더 크다.

세계보건기구는 현재 전세계 당뇨병 환자 수는 약 3억4600만 명이며 그중 사망에 이르는 환자의 80% 이상이 개발도상국 국민이라고 밝혔다. 우리나라의 당뇨병 환자 수는 400~500만 명으로 추정된다. 10명의 환자 중 비만이 아닌 사람은 4명뿐이다. 해방 이후 식습관이 급격하게 서구식으로 바뀐 것이 국내 당뇨환자의 증가와 밀접한 관련이 있다는 사실을 미루어 짐작할 수 있다.

비만이 만성화되면 당뇨병, 심장병, 암 같은 건강 문제가 빈번히 발생할 것이며, 이는 국민건강보험 재정 악화로 이어져 사회 공공성을 파괴할 것이다. 유럽에서는 비만 문제를 해결하기 위해 비만세●를 부과하기까지 한다.

● 헝가리는 2011년 9월부터 소금, 설탕, 지방의 함량이 높은 가공식품에 10포린트(55원)의 부가가치세를 매기고 있다. 덴마크는 2011년 10월부터 포화지방을 2.3% 이상 함유한 육류, 우유, 버터, 피자, 식용유, 조리식품 등에 1kg 당 16크로네(3400원)의 세금과 청량음료와 주류에 10%의 관세를 부과하고 있다. 프랑스는 2012년부터 청량음료 1캔 당 0.02유로의 비만세를 부과한다. 미국과 영국에서도 비만세 도입을 추진하고 있다. 국내에서도 정부 재정을 확보하고 건강보험의 붕괴를 막기 위해 비만세를 도입하자는 의견이 대두되고 있다.

그러나 세금을 부과해 비만 문제를 해결하는 것은 근본적인 해결책이 되지 못할 것이다. 식품가격을 높여 소비를 줄이기는커녕 정부와 기업의 주머니만 불려주고 서민들의 생활고를 더욱 악화시킬 우려도 있다. 담배의 경우도 웬만큼 가격을 높이지 않고서는 흡연율 감소에 전혀 도움이 되지 못한다는 사실이 확인되지 않았던가. 비만을 줄이기 위해서는 대량소비를 위해 가축을 대량 사육하는 공장식 축산 방식, 육식 위주의 미국식 식습관의 유행, 패스트푸드와 청량음료의 소비 확대, 자영업의 증가로 인한 외식산업의 비대화 등 이 모든 잘못된 현실을 바꾸기 위한 근본적인 고민이 필요하다.

8 '식중독'을 신속하게 배달해드립니다

햄버거 한 개가 22세 여성의 인생을 풍비박산 내다

2004년 8월, 전남에 사는 스물아홉 살의 한 여성이 햄버거를 먹은 후 배가 아프고 설사를 해서 병원에 갔다. 그녀는 배탈이 나기 전까지는 건강했으며, 특별히 아픈 적도 없었다. 병원에서는 식중독을 치료하기 위해 그녀를 입원시켰다. 설사를 채취해 검사를 했고, 수분과 전해질을 보충하고 탈수를 예방하기 위해 정맥주사로 수액을 놓았다. 그런데도 다음 날부턴 소변도 나오지 않고, 온몸이 땡땡 붓기 시작했다. 사태가 심각해지자 전남대학교병원으로 응급 후송됐다.

대학병원에 후송됐을 때, 그녀의 콩팥은 제 기능을 하지 못했다. 급성 신부전, 용혈성 빈혈, 혈소판 감소증을 보였다. 의료진은 용혈성요독증후군●이라는 진단을 내렸고, 대변에서 O-104:H4 대장균●●이 검출되었다. O-104:H4는 장출혈성대장균으로 독소를 분비하며, 장점막을 파괴하여 출혈을 일으킨다. 심한 경우 신부전을 일으켜 사망에 이르게 한다.

그녀는 입원한 지 2주째 되는 날 갑작스럽게 강직성 전신발작이 일어나기도 했으나, 다음날 발작이 멈추었다. 다행히 나흘 동안 혈액 투석치료를 받고, 2주 동안 혈장교환 치료를 받은 다음에 27일만에 완치되었다.

전남대학교병원의 배우균 교수팀은 영문으로 발행되는 『연세의학저널』(2006년 47권 3호)에 O-104 식중독 환자 사례를 보고했다. 이것은 세계 최초로 O-157 대장균이 아닌 O-104 대장균도 용혈성요독증후군을 일으킬 수 있다는 사실을 보고한 학술논문이었다.

운 좋게도 완치된 국내의 사례와 달리 미국에 사는 스테파니 스미스는 버거 한 개 때문에 스물두 살에 자신의 인생이 풍비박산 나

● 용혈성요독증후군(Hemolytic uremic syndrome, HUS)은 세균 독소, 화학 물질, 바이러스 등에 의해 급성신부전, 용혈성 빈혈, 혈소판 감소증이 갑작스럽게 발생하는 것을 말한다. 급성신부전에 걸리면 콩팥의 기능이 갑자기 떨어져서 오줌을 만드는 것이 어려워진다. 오줌을 통해 몸 안의 노폐물을 몸 밖으로 배출하지 못하면 체내의 신진대사가 제대로 이루어지지 못한다. 용혈성 빈혈에 걸리면 적혈구가 비정상적으로 빠르게 파괴되어 빈혈이 나타난다. 혈소판 감소증은 혈액을 응고시키고 지혈시키는 혈소판의 숫자가 정상보다 줄어드는 것을 말한다.

●● 대장균은 사람과 동물의 장 안에 살고 있는 긴 막대기 모양의 세균이다. 대장균은 사람 및 동물과 오랫동안 공생관계를 형성하여 숙주에 해를 끼치지 않도록 진화해왔다. 대장균은 비타민 K, 비타민 B5, 바이오틴 등을 합성해 숙주에게 공급해주며, 노폐물이나 독소를 대사시켜 숙주가 재사용할 수 있도록 해준다. 숙주의 장에 대장균이 미리 잡고 있는 것만으로 병을 일으키는 유해한 세균이 침입하여 숙주를 공격하는 것을 막아주는 역할도 한다. 대장균은 균체와 편모에 있는 항원에 따라 분류를 한다. 균체 표면에는 세포벽 성분인 당분자의 종류와 배열방법에 따라 O항원이 173종 발견되었으며, 편모에 존재하는 아미노산의 조성과 배열방법에 따라 H항원이 60여 종 발견되었다. 그리고 협막에서 K항원이 103종 발견되었다. 계속 새로운 항원이 발견되고 있기 때문에 앞으로 그 숫자가 더 늘어날 것이다. 그중 사람에게 해를 끼쳐 병을 불러일으키는 대장균이 있다. 이러한 유해한 균을 병원성 대장균이라 한다. O-104:H4는 O형 항원으로서 104번째, H형 항원으로서 4번째 발견된 대장균이라는 뜻이다.

고 말았다. 2007년 초가을, 그녀는 미네소타 주에서 어린이 댄스 강사로 일하고 있었다. 스미스는 일요일 저녁 가족모임에서 어머니가 구워준 햄버거를 먹었다. 첫날은 배가 아프고 속이 조금 뒤틀렸지만 참을만해서 수업을 예정대로 마쳤다. 이윽고 설사에서 피가 섞여 나오더니 콩팥 기능이 먹통이 돼버렸다. 발작이 일어나 의식을 잃었다. 경련이 걷잡을 수 없이 심해져 9주 동안 혼수상태에 빠졌다. 혼수상태에서 깨어났을 때, 그녀는 더 이상 걸을 수가 없었다. 뇌신경계가 파괴돼, 왼쪽 하반신이 마비된 것이다. 그녀를 불구로 만든 범인은 카길사의 분쇄육으로 만든 쇠고기 패티 속에 들어 있던 병원성 대장균 O-157:H7이었다.

마이클 모스 기자는 2009년 10월 4일자 『뉴욕타임스』에 실린 "그녀의 인생을 풍비박산 내버린 버거"라는 제목의 기사를 통해 스테파니 스미스의 식중독 사례를 추적하여 위생상태가 불결하기 짝이 없는 도축장, 신뢰할 수 없는 분쇄육 제조 환경, 그리고 도축장과 육류 가공 공장을 통제하는 미국 정부의 규제가 실효성이 전혀 없다는 사실을 고발했다. 그는 이 기사로 2010년 퓰리처상 해설보도 부문 수상자로 선정되었다. 모스는 12월 31일자 『뉴욕타임스』에서도 "쇠고기 가공 방법의 안전성이 의심스럽다"는 제목의 후속기사를 통해 미국 쇠고기 식품안전 체계의 문제점을 다루었다.

이 기사가 나오면서 미 의회와 농무부에 식품안전 법령을 강화해야 한다는 여론의 압력과 자극이 가해졌다. 사실 이러한 요구는

1980년대 초반부터 지속적으로 제기돼왔으며, 100년 전에도 작가 업턴 싱클레어가 소설 『정글』을 통해 미국의 육류 가공공장의 위생 상태와 노동자 실태를 고발했었다.

그러나 미국에서는 여전히 이윤을 위해서 생명을 담보로 삼는 정글의 법칙이 작동하고 있다. 모스 기자는 스미스의 식중독 사례를 추적하면서 정부와 기업을 인터뷰한 결과 "여전히 쇠고기 분쇄육을 먹는 것은 도박이라는 결론에 이르렀다"고 밝혔다. 모스 기자의 고발에도 불구하고 미국의 쇠고기 위생시스템은 크게 개선되지 않은 것이다.

다음 차례는 누구인가?

우리나라에서는 1993년 경상대 연구팀이 소의 분변에서 처음으로 O-157:H7 대장균을 분리했으며, 1994년엔 국립보건원에서 상가집 음식을 먹고 식중독에 걸린 환자의 분변에서 O-157:H7 대장균을 찾아냈다. 이후 1995년과 1996년에 도축장이 있는 마장동 축산물 시장에서 유통되는 소의 간에서 O-157:H7균이 분리되었다. 1997년엔 미국산 수입 쇠고기를 검역하는 과정에서 O-157:H7균이 검출되었다.

정부는 O-157:H7로 인한 장출혈성대장균감염증을 법정전염병으로 지정했다. 2003년엔 다섯 살 미만의 어린이를 중심으로

O-157:H7 식중독 집단 발병이 있었다. 국내에서 발생한 O-157:H7 식중독 환자는 2004년에 118명, 2008년에 57명 등으로 해마다 꾸준하게 보고되고 있다.

미국에서 병원성 대장균 O-157:H7이 처음으로 보고된 것은 1982년이다. 1981년 12월 오리건 주 화이트시티 주민 40명이 맥도날드에서 음식을 사먹은 후 식중독 증상을 보였다. 오리건 주 보건당국이 식중독을 일으킨 원인을 조사하는 동안에 미시건 주의 트래버스시티 주민 10여 명도 식중독에 걸렸다. 트래버스시트 주민들은 화이트시티 주민들과 증상이 똑같았으며, 맥도날드에서 음식을 사 먹은 것도 동일했다. 질병관리본부에서 파견된 전염병학자 리 라일리는 환자들의 대변에서 식중독의 원인인 병원성 대장균 O-157:H7을 분리해냈다.

1986년엔 워싱턴 주민 37명이 패스트푸드 레스토랑에서 오염된 쇠고기를 먹고 O-157:H7에 감염되어 17명이 입원 치료를 받았다. 그중 노년 여성 2명은 목숨을 잃었다. 2년 후 위스콘신 주에서는 학생 54명이 O-157:H7에 감염된 사고가 발생했다. 그들은 미 농무부에서 허가한 로스트비프를 먹고서 식중독에 걸렸다.

잇따른 식중독 사고에도 뒷짐만 지고 있던 미 정부와 식품업계는 1993년 시애틀에 있는 잭인더박스 패스트푸드 레스토랑에서 판매한 덜 익은 버거 때문에 대규모 식중독 사고가 발생하자 뭔가를 하는 시늉을 냈다. 당시 버거를 먹은 732명이 O-157에 감염되어

195명이 입원했으며, 여섯 살 소녀 로렌 베스 루돌프를 비롯한 4명의 어린이가 사망했다. 딸의 죽음에 분노한 로렌의 어머니는 "다음은 누구 차례인가"라는 캠페인을 벌였고, 1994년에 "안전한 식탁이 우리의 최우선STOP: Safe Tables Our Priority"이라는 시민단체를 만들었다. 샌디에이고의 고급 주택가에 살던 여성이 딸의 죽음을 계기로 식품안전 활동가로 변신한 것이다. 그녀의 노력으로 '식품 안전에 관한 로렌 베스 루돌프 법규'가 제정되었고, O-157에 오염된 분쇄육의 판매가 중지되었다. 식품업계는 위해요소 중점관리기준HACCP을 도입하여 식중독 사건이 터지기 전에 미리 예방을 하겠다고 다짐했다.

그러나 거대식품회사들은 O-157에 오염된 분쇄육을 변함없이 생산했고, 식중독 사고와 자발적 리콜조치가 끊임없이 되풀이됐다. 1982년부터 2002년까지 O-157 식중독 사고의 역학조사를 분석한 미국 질병관리본부의 보고서에 따르면, 미국에서는 해마다 7만3480명이 O-157에 감염된다. 그중 2168명이 병원에 입원하여 치료를 받으며, 61명은 콩팥이 급성으로 망가져 목숨을 잃는다.

일본의 경우 1984년부터 O-157 식중독 환자가 산발적으로 발생하기 시작했다. 1996년 5월 오카야마 현에서 대규모 집단 식중독 사고가 발생했는데, 1만2000여 명이 감염돼 12명이 사망했다. 우리나라에서도 1997년 미국 네브라스카 주에서 온 쇠고기에서 병원성 대장균 O-157:H7이 검출된 이후 해마다 수십 명씩 식중독 환자가 발생하고 있다.

미 농무부는 2009년 여름에 대규모 식중독 사고가 발생하자 41개 주 3000개 식료품점의 오염된 쇠고기를 대상으로 리콜을 실시했으며, 2011년 12월 16일에도 미국에서 규모가 제일 큰 식육회사인 타이슨푸드사의 분쇄육에서 병원성 대장균 O-157:H7이 검출되어 리콜을 실시한다고 발표했다. 미 농무부는 정기 모니터링 검사를 통해 뒤늦게 오염사실을 확인하고 리콜을 결정했다. 문제의 분쇄육이 생산된 타이슨사의 245C 작업장은 현재 우리나라와 일본에도 쇠고기를 수출하고 있다. 245C 작업장은 위생상태가 불량한 것으로 악명이 높다. 이 작업장은 2004년 1월 미국 농무부로부터 광우병 위험물질 제거 규정을 위반했다고 지적받았으나 위반사항을 전혀 개선하지 않았다. 농무부 검사관들은 같은 해 4월, 6월, 10월에 각각 245C 작업장을 점검했는데 똑같은 위반이 되풀이되고 있다고 보고했다.

찌꺼기와 부스러기를 고기로 둔갑시키는 마술

스테파니 스미스는 육식을 즐기는 편이 아니었다. 오히려 채식 위주로 식사를 했다. 그래서 처음엔 식중독의 원인이 시금치일 것이라 생각했다. 왜냐하면 그즈음 시금치와 관련한 대장균 식중독 사고가 발생했다는 뉴스를 봤기 때문이다.

그러나 범인은 시금치가 아니라 카길에서 생산한 쇠고기 분쇄육이었다. 쇠고기 분쇄육에서 병원성 대장균을 찾아낸 것은 그야말로 우연이었다. 그녀의 이모가 그날 햄버거를 만들어먹은 냉동 패티를 보관하고 있었던 것이다. 미네소타 주 보건당국은 남아 있는 쇠고기 분쇄육에서 O-157:H7을 분리해냈다. 이 균주는 3주 전에 식중독에 걸린 네 살배기 여자 어린이에게서 분리된 것과 유전적으로 일치했다. 보건당국의 기록에 따르면, 이 여자아이의 한 살 위 오빠와 또 다른 두 명의 어린이도 식중독에 걸렸다. 스미스처럼 그들도 월마트사의 자회사인 샘스클럽에서 카길의 쇠고기 분쇄육을 사 먹었다.

O-157에 오염된 분쇄육은 스미스에게 용혈성요독증후군을 일으켰다. O-157 대장균에서 분비되는 독소물질은 적혈구를 파괴해 빈혈을 일으킨다. 콩팥이 제대로 기능하지 못해 요독증이 나타나며, 피를 굳게 만드는 혈소판이 감소해 출혈이 발생한다. 이러한 증상이 발생한 환자 가운데 5~10%는 목숨까지 잃는다.

식중독을 일으킨 쇠고기 분쇄육 포장지에는 "미국 요리사의 선택 앵거스 쇠고기 버거"라고 적혀 있었다. 그러나 이 문구는 그야말로 1950년대 이전에 담배업계가 의사와 유명인사들을 광고모델로 세워 "담배가 건강에 많은 혜택을 가져다준다"고 홍보한 것과 유사한 사기놀음이다. 카길의 분쇄육은 네브라스카, 텍사스, 사우스다코타, 우루과이에 있는 네 군데 도살장에서 찌꺼기와 지방 부스러기, 그리고 고기조각들을 가져다 섞어서 만든 것이다. 이렇게 질 낮은 부위는 O-157 대장균이나 살모넬라균 같은 병원균을 전염시키는 똥과 섞였을 가능성이 아주 높다. 이러한 위험이 있는 줄 알면서도 거대 식품회사가 이곳저곳에서 고기 찌꺼기들을 끌어모아다 분쇄육을 만드는 것은 엄청난 수익이 나기 때문이다. 카길은 이러한 방식으로 분쇄육을 만들어 소 한 마리를 통째로 사용하는 것보다 원가를 25%나 절감했다.

카길 같은 거대 식품회사들은 분쇄육 원료들을 여러 군데의 도축장에서 수거하고서 가공하기 전에 세균 검사를 실시하지 않는다. 육류업계는 이러한 관행을 마치 영업비밀인 양 얘기한다. 그들은 원료 공급자가 점검한 것을 신뢰하기 때문에 검사를 할 필요가 없다고 둘러댄다. 검사비용을 아껴서 원가를 줄이겠다는 속셈은 드러내지 않는다. 이런 식으로 검사를 대강 넘기다 보니 카길은 원료를 공급한 4곳의 도축장 중에서 어느 곳에서 보낸 분쇄육 원료에서 오염이 발생했는지 밝혀내지 못했다.

분쇄육의 안전성을 높이려면 일단 세균에 오염이 되지 않은 깨끗한 원료를 사용하는 것이 상식이다. 원료를 검사해서 위생상태가 불량한 도축장에서 공급한 오염된 고기조각을 폐기하면 식중독 사고가 덜 발생할 것이다. 하지만 이윤을 극대화시키기 위해서는 이러한 상식을 무시하거나 상식을 뛰어넘는 의외의 상상력이 필요하다. 그들은 똥과 세균에 오염된 고기조각들을 암모니아로 살균하거나 젖산으로 세척하는 방법을 생각해냈다. 진공스팀세척, 자외선 살균, 방사선 조사 방법도 도입되었다. 이러한 꼼수는 기업에게 더 높은 수익을 보장해줄 수 있겠지만, 불행하게도 식중독 사고를 예방할 수는 없다. 미 농무부가 2000년대 초반 암모니아 살균법을 허용했음에도 불구하고 2005년 이후 대장균이 3배, 살모넬라균은 58배나 더 많이 검출되었다.

카길사 분쇄육 성분 중 가장 많은 부분을 차지하는 것은 '지방 절반, 고기 절반(50/50)'으로 알려진 고기 부스러기이다. 카길사는 이 부스러기를 그레이터 오마하 패킹사에서 파운드(약 0.5kg)당 60센트라는 싼 가격으로 공급받았다. 이 회사는 축구장 4배 크기의 가공공장에서 매일 2600마리의 소를 도살하고 있다. 노동자들과 연방검사관들은 하나같이 이 회사이 모든 가공과정에서 오염 가능성이 있다고 증언했다. 소들은 똥으로 범벅이 된 채 도살장에 도착한다. 똥을 제대로 닦아내지 못하면 병원성 대장균에 오염될 수 있다. 대장균은 가죽을 벗기거나 살을 발라낼 때 오염될 수 있으며, 내장을 처리할 때도 오염된다. 살인적인 작업속도는 오염 가능성을 증폭시킨다.

그레이터 오마하 패킹사의 노동자들은 지난 2006년 회사가 작업용 칼이나 톱니바퀴 등을 닦고 소독하는 시간을 노동시간에 포함시키지 않으며 임금도 지불하지 않는다고 소송을 제기하기도 했다. 우리나라에도 쇠고기를 수출하고 있는 이 회사는 지난 2004년~2005년 미 농무부 감사에서 광우병 관련 규제 위반 사례가 무려 15차례나 적발되기도 했다.

텍사스의 론스타 비프 프로세서도 카길에 분쇄육 원료를 공급했다. 이 회사는 늙은 젖소와 씨받이 수소를 전문적으로 취급하고 있다. 소비자들은 광우병을 우려해서 나이든 젖소 고기나 씨받이 수소 고기를 외면한다. 게다가 젖소는 우유 생산량을 늘리기 위해 유전자조작 소 성장호르몬 주사를 맞는 경우가 많으며, 유방염 치료를 위해 항생제를 투여하기도 하니 고기로서의 가치가 떨어진다. 하지만 늙은 젖소나 씨받이 수소 고기 또한 값싼 싸구려 원료가 되어 시장에 유통된다.

우루과이의 도살장에서도 쇠고기 부스러기를 공급했다. 우루과이 정부는 자국의 육류에서 O-157:H7이 검출된 적이 없다고 주장한다. 그러나 우루과이의 도축장은 미 농무부의 안전점검에서 부적절한 병원균 검사방법이 문제가 되는 등 위생 불량으로 적발된 적이 있다. 우루과이는 2010년 상반기 국민 1인당 쇠고기 소비량 58.2*kg*로 세계 1위를 기록했다. 미국인 한 사람이 2010년 41.2*kg*의 쇠고기를 소비했는데, 우루과이는 이보다 더 많은 쇠고기를 먹어치우고 있다. 우루과이에서는 우리나라보다 4배나 많은 1180만 마리의 소를 사육하고 있으며, 해마다 240만 마리 가량의 소를 도축하여 10억 달러어치의 쇠고기를 수출하고 있다.●

카길사 분쇄육의 4번째 원료 공급처는 "좋은 살코기 질감의 쇠고기"를 생산한다고 하는 비프 프로덕트사이다. 그들은 50~70%의 지방

● 우리나라도 가까운 미래에 우루과이산 쇠고기를 다시 수입할 것 같다. 최근 한국정부는 브라질, 아르헨티나, 우루과이, 파라과이 등 남미 국가들의 비관세동맹인 메르코수르(남미공동시장)와 무역협정을 추진하고 있다. 호세 무히카 우루과이 대통령은 2011년 1월 초 우루과이를 방문한 한국 총리에게 쇠고기 수출재개를 강력하게 요구했다. 우루과이산 쇠고기는 2000년 10월과 2001년 4월 두 차례에 걸쳐 구제역이 발생하여 수입이 중단된 상태다.

이 포함된 고기를 생산한다. 이 회사는 쇠고기를 분해하고 남은 소 도체에서 아주 작은 지방 조각까지 분리해내는 기술을 가지고 있다. 그들은 소 도체에 열을 가한 후 원심분리기를 이용하여 지방을 추출한다. 주로 대장균을 죽이기 위해 암모니아를 사용한 제품의 찌꺼기를 취급한다.

과거에 식품업계는 이런 지방 찌꺼기들을 애완동물 사료 원료나 요리용 기름을 짜내는 하급 용도로만 사용했다. 그런데 비프 프로덕트는 2000년대 초반 암모니아 살균법을 도입하여 지방 찌꺼기들을 '고기'로 둔갑시키는 마술을 부렸다. 미국 농무부는 비프 프로덕트를 일상적인 검사에서 제외시켜주었으며, 이러한 제품에도 '고기'라는 표시를 할 수 있도록 규제를 완화해주었다. 이 회사의 분쇄육은 식료품점, 패스트푸드 음식점, 그리고 학교급식에 정기적으로 납품되었다.

비프 프로덕트는 스미스가 먹었던 분쇄육 원료의 10%를 카길에 공급했다. 가격은 파운드당 1.2달러에 불과했다. 카길은 식중독 사고 발생 후 비프 프로덕트가 암모니아 처리를 하기 때문에 대장균 오염원일 가능성이 없다고 밝혔다. 그러나 미 농무부의 기록과 모스 기자의 인터뷰에 따르면, 이 회사가 공급한 연방정부의 학교급식 재료에서 2006년과 2008년, 그리고 2009년 8월에 대장균이 검출되어 공급이 중단된 적이 있었다. 뿐만 아니라 2005년부터 2009년까지 이 회사의 분쇄육 검사에서 1000건당 36건에서 살모넬라균이 검출됐다. 이는 다른 회사에 비해 4배나 더 많은 수치다. 암모니아 처리를 했는데도, 그렇지 않은 다른 회사의 분쇄육보다도 더 많은 세균이 검출된 것은 더 심하게 오염된 불량 원재료를 사용했기 때문으로 보인다.

이렇게 네 군데 도축장에서 값싼 원료를 공급받아 제조된 카길의 분쇄육 원가는 파운드당 1달러에 불과하다. 업계 전문가들은 이 방식이 소 한 마리를 전체적으로 이용한 것보다 파운드당 30센트나 더 이득이라고 분석했다.

미 농무부는 『뉴욕타임스』의 2010년 1월 10일자 비판 기사가 보도된 이후 뒤늦게 검사면제 조치를 취소했다. 미 농무부 고위 관료는 『뉴욕타임스』가 학교급식 쇠고기 검사의 문제점에 대해서 경고하기 전까지 이러한 검사 면제조치의 문제점을 몰랐음을 인정했다. 과연 미국 정부가 실제로 모르고 있었을까, 알면서도 모른 체 하고 있던 것일까 궁금하다.

식중독 사고 후 자발적 리콜 뒷북 되풀이

미국 정부와 식품업계는 식중독 사고가 발생할 때마다 외곽을 때려 논점을 흐려놓는 수법을 즐겨 사용한다. 미네소타 주 보건당국은 2007년 10월 5일 금요일 지방방송 뉴스에 식중독을 일으킨 분쇄육을 먹지 말라고 경고했다. 보건당국의 전문가는 "우리는 식중

식품업계는 동물 사료로나 쓰이던 지방 찌꺼기들을 '고기'로 둔갑시켜 팔아먹기 위해 원심분리기와 암모니아까지 동원한다. 대량 식중독 사태가 터져도 '리콜'하면 그만이라는 태도다.

독을 막았다고 긍정적으로 생각해요. 시민들이 집에 남아 있는 수십 상자 분량의 분쇄육을 우리에게 보내왔답니다. 그것들은 오염된 제품이었지요"라고 말했다. 미 농무부와 보건당국은 "대장균을 확실히 죽이기 위해서는 햄버거를 160도 이상의 온도에서 요리해야 합니다. 온도를 확인하기 위해서 온도계를 사용할 것을 권장합니다"며 소비자에게 경고하는 것으로 정부의 역할을 다한 것처럼 행동했다. 카길은 10월 6일에야 분쇄육 84만 파운드(38만3000kg)에 대해 자발적으로 리콜을 실시하겠다고 발표했다. 스미스를 공격한 O-157에 오염된 분쇄육은 50일 동안이나 아무런 제재를 받지 않고 널리 유통되었다.

보건당국은 카길사의 분쇄육을 소비한 사람 중 940명이 식중독에 걸렸을 것으로 추정했다. 미네소타 주에서 발생한 11건의 식중독 사고가 분쇄육과 관련이 있으며, 그중 4명은 용혈성요독증후군으로 증세가 악화됐다.

식중독 사고가 발생하자 미 농무부는 224군데의 육류 가공공장을 긴급 점검하여 그중 55곳에서 심각한 문제를 확인했다고 발표했다. 연방정부 검사관들은 스미스의 식중독 사고가 일어나기 일주일 전에도 카길이 분쇄육을 취급하는 안전규정을 위반하고 있다는 사실을 반복해서 적발했다. 하지만 카길은 벌금 한 푼 낸 적이 없으며, 작업장 일시 폐쇄 같은 제재조치도 당하지 않았다. 아무런 일도 없었단 듯이 매일 엄청난 분량의 분쇄육을 생산했다. 미 농무부는 식중독 사고가 일어난 후에야 "미 농무부 검사 통과"라는 승인 딱지를 붙일 수 있는 권한을 박탈하겠다고 위협하는 시늉을 냈을 뿐이다.

미 농무부는 카길의 분쇄육 오염 사건이 일어난 뒤 2000개 이상의 쇠고기 작업장을 대상으로 설문조사를 실시했다. 1000개 이상의 작업장에서는 최종 분쇄육 제품을 대상으로 대장균 검사를 실시하지 않는다고 답변했다. 고작해야 6%의 작업장만 1년에 최소 4회 이상 분쇄육 원료의 대장균 검사를 실시하고 있었다.

2009년 12월까지 스미스의 치료비는 200만 달러가 훌쩍 넘어섰는데, 이후로도 신장이식 등 여러 건의 이식수술을 해야 한다. 카길은 스미스의 식중독 사고를 알게 되었을 때 자신들의 책임을 인정했지만, 치료비 등의 재정적 책임은 지지 않으려 했다. 다만 피해자 측에 유감을 표명하고 약간의 재정적 지원을 하며, 그리고 앞으로 식품안전 연구에 10억 달러를 투자하겠다고 약속하며 대중들의 분노와 비판을 모면하려고 했다. 카길사는 자신들이 과학과 기술혁신에 투자해 에피토픽스Epitopix사 및 미국축산육우협회NCBA와 함께 O-157 백신을 개발하고 있으며, 1990년대 이후 대장균을 감소시키기 위해 스팀 소독법을 도입했다고 밝혔다. 최근에는 작업장에 젖산 세척, 진공스팀세척, 자외선 살균, 방사선 조사 방법을 채택했다고 강조했다.

그러나 『뉴욕타임스』 기사를 통해 스미스의 식중독 사고가 알려지기 이전에도 카길은 이미 이러한 조치들을 모두 시행하고 있었다. 그럼에도 식중독 사고를 막지 못한 것이다. 톰 빌색 미 농무부장관은 2009년 3월 13일자로 에피토픽스사의 O-157 백신을 조건부로 승인했다.

결국 카길은 2010년 5월 치료비 등의 재정적 책임을 지겠다고 피해자 측과 비공개로 합의했다. 스테파니 스미스는 물리치료 등 재활치료를 하면서 언젠가 두 다리로 일어서서 아이들에게 댄스를 가르칠 날을 손꼽아 기다리고 있지만, 아마 그녀는 영원히 다시 걷지 못할 것이다.

O-157 외에 6개의 독성 대장균 검사 회피

식중독을 일으키는 병원성 대장균은 O-157 말고도 많이 있다. 그중 최근 문제가 되고 있는 것이 위험한 독소를 생성하는 6가지 균주다. 빅6라고 불리는 이 6가지 혈청형은 O-26, O-45, O-103, O-111, O-121, O-145이다. 2010년 5월 10일자 『뉴욕타임스』는 "대장균과의 싸움에서 일부 균주가 무시되고 있다"는 제목의 기사에서 "연방 정부와 쇠고기 생산 업체들은 오래전부터 이 대장균들의 위험성을 알고 있었지만, 규제담당자들은 직접적인 조치는 거의 취하지 않은 채 문제의 심각성을 저울질하고 있었을 뿐이었다"고 비판했다.

미 농무부는 O-157에 대처했던 것처럼 6가지 혈청형의 대장균에 오염된 쇠고기 분쇄육 판매를 금지하려고 했지만, 육류업계의 반발에 부딪혀 무산되었다. 빅6가 다시 사회문제로 주목받은 것은 2010년 4월 오하이오 주 소재 프레시 푸즈 오브 시드니에서 판매한 로메인 상추를 먹고 5개 주에서 최소 26명이 병원성 대장균 O-145에 감염돼 식중독에 걸리고, 그중 청소년 3명이 콩팥이 망가져 위독한 상태인 것이 알려지면서부터다. 전문가들은 로메인 상추가 O-145에 오염된 것은 축산업과 밀접한 관련이 있을 것으로 추정하고 있다.

여론의 압력에 밀린 미국 정부는 2011년 9월 '빅6'가 검출된 쇠고기 분쇄육을 판매중지하는 새로운 규제안을 발표했다. 새 규제안은 쇠고기 업계가 준비할 시간을 고려하여 2012년 3월부터 이행되기로 정해졌다. 쇠고기 업계는 이러한 규제가 불필요하며, 분쇄육 가격 상승을 야기할 것이라고 반발했다.

반면 전문가들은 정부의 새 규제안이 이전보다 나아졌지만 독소를 내뿜는 모든 혈청형의 대장균을 금지한 것은 아니라고 비판하고 있다. 대표적으로 2011년 5월 2일 독일에서 시작돼 스웨덴, 덴마크, 프랑스 등 유럽 각국과 미국, 캐나다 등으로 퍼진 장출혈성대장균 O-104:H4를 규제에서 제외한 사실을 들 수 있다. O-104로 인해서 16개국에서 4446명의 환자가 발생하여, 그중 51명이 사망했다.

국내에서도 지난 2001년 이후 O-104 대장균 식중독이 9건이나 발생했으며, 유럽에서 발생한 장출혈성 대장균 O-104:H4 혈청형에 의한 식중독이 2004년에 1건 발생한 적이 있다. 이 사례가 바로 앞서 본 전남대병원이 보고한 29세 여성사례다. 질병관리본부의 유전자형 검사 결과 2004년 국내에서 발생한 균주와 2010년 유럽에서 발생한 균주는 서로 다른 유전형이었다.

축산업계와 보건당국은 1980년대 이후 병원성 대장균으로 인한 식중독이 전세계적으로 급증하는 것은 공장식 축산업의 확대에 따른 폐해라는 주장에 귀를 기울이고, 모든 혈청형의 병원성 대장균에 대한 강화된 규제를 마련할 필요가 있다.

해마다 미국인 6명 중 1명 식중독 걸려

식품의약품안전청의 식중독 통계 시스템에 따르면, 우리나라에서는 2002년 이후 해마다 평균 250건의 식중독 사고가 일어나고 7500명의 식중독 환자가 발생하는 것으로 보고되고 있다.

미국 질병관리본부CDC는 해마다 4800만 명의 사람들이 식중독에 걸리는 것으로 추정하고 있다. 미국인 6명 가운데 1명은 식품과 관련된 질병에 걸리는 것이다. 그중에서 12만8000명은 병원에 입원하여 치료를 받으며, 3000명은 사망한다.

유럽식품안전청과 유럽질병관리본부에서 2010년 2월 발표한 「2008년 인수공통전염병 및 식중독 발병 연례보고서」에 따르면, 2008년 한 해 동안 5332건의 식중독이 보고되었다. 4만5622명의 환자가 발생했는데, 그중 6230명은 병원에 입원했으며, 32명은 사망했다. 식중독을 일으킨 식품으로는 계란 및 계란 제품이 23.1%로 가장 많았고, 돼지고기 10.2%, 뷔페 음식 9.2% 등이었다. 식중독을 일으키는 세균이나 바이러스는 가축의 내장에 많이 살고 있기 때문에 분변을 통해서 쉽게 전염된다. 과일이나 채소를 먹고 식중독에 걸리는 경우도 대개 가축의 분변으로 만들어 뿌린 거름 때문이다.

노로바이러스 식중독은 1968년 오하이오 주의 노워크에 있는 한 고등학교에서 발생한 이래 전세계적으로 퍼졌다. 주로 지하수·야채·샐러드·해산물 등을 통해 전염되는데, 바이러스가 환경에 상

미국의 연간 식중독 발생·입원·사망 추정치

식중독 원인	식중독 발생	비율(%)	입원 환자	비율(%)	사망자	비율(%)
31개 확인된 병원체	940만 (660만~1270만)	20	55,961 (39,534~75,741)	44	1,351 (712~2,268)	44
미확인 병원체	3840만 (1980만~6120만)	80	71,878 (9,924~157,340)	56	1,686 (369~3,338)	56
총계	4780만 명 (2870만~7110만)	100	127,839 (62,529~215,562)	100	3,037 (1,492~4,983)	100

괄호 안은 최소~최대 추정치

대적으로 안정적이어서 영하의 추위와 60°C의 열에도 살아남는다. 대부분의 경우 경미한 증상이 나타나고, 감염 후 1일~2일이 지나면 자연 회복된다. 때때로 어린이, 노인과 면역력이 약한 사람에게는 탈수증상을 일으키기도 한다.

국내에서도 2006년 6월 1709명의 수도권 초·중·고교 학생들이 노로바이러스에 감염되어 구토·설사 증세를 보인 바 있다. 학생들은 CJ푸드시스템이 급식으로 제공한 돼지고기를 먹은 공통점이 있었는데, 보건당국은 역학조사를 통해 오염된 지하수가 원인이라고 추정했다.

미국에서 최초로 정부가 인정한 수의사 자격증을 취득한 대니얼 E. 살몬(1850~1914)의 이름에서 유래한 살모넬라균은 사람과 동물에게 모두 전염되는 세균이다. 살모넬라균은 사람을 포함한 포유류 · 조류 · 파충류 · 양서류에 기생하며 장티푸스 · 돼지콜레라 · 가금티푸스 등을 일으킨다. 쇠고기 · 돼지고기 · 닭고기 · 계란 · 우유 · 아이스크림 · 마요네즈 · 채소 · 샐러드 · 시리얼 등 거의 모든 식품을 통해 감염될 수 있다. 특히 닭고기와 계란을 먹고 살모넬라균 식중독에 걸릴 위험이 높다. 지난 2008년 유럽식품안전청이 발표한 연구 결과에 따르면, 살모넬라균 식중독의 82%가 닭고기 · 오리고기 · 칠면조고기 등을 먹고 발병했다.

공장식 축산농장은 살모넬라균의 온상지라고 할 수 있다. 좁은 공간에 많은 가축들이 사육되다 보니 면역력이 떨어지고, 살모넬라균 같은 병원균은 이러한 빈틈을 노린다. 살모넬라균은 사료, 물, 차량, 장화와 이미 감염된 가축의 분변을 통해서 가축에게 전염된다. 살모넬라균에 감염된 가축들의 증상은 사람과 비슷하다. 열이 나고, 기운도 없고, 식욕도 떨어지고, 배가 아프고, 설사를 한다. 증상이 아주 심할 경우 목숨을 잃게 된다. 치료방법도 똑같다. 항생제를 주사하거나 먹인다.

가축들은 농장에서 살모넬라균에 감염된 채로 도축장에 실려간다. 공장식 도축장의 빠른 작업속도와 비위생적인 작업환경은 살모넬라균 오염을 더욱 증폭시킨다. 정부의 검사 기준도 오염에 관대하다. 미 농무부는 닭고기 샘플 51개를 검사하여 5건 미만에서 살모넬라균이 검출될 경우 기준을 통과한 것으로 인정하고 있다. 10%만 넘지 않으면 되는 것이다. 우리나라는 더 심하다. 닭 도축장에서 26

건의 샘플을 검사하여 5건 이하에서 살모넬라균이 검출되면 합격이다. 그나마 포장처리업체에서는 법적 기준조차도 없어 자체적으로 기준을 정하고 있다.

닭고기 샘플의 10%에서 살모넬라균이 검출되어도 기준을 통과한 것으로 인정하는 방침은 소비자의 안전보다는 업계의 이윤을 더 중요하게 여기는 것이라고밖에 볼 수 없다. 그러다 보니 살모넬라균 식중독 사고가 끊임없이 발생한다. 2011년 초에도 아칸소 주 스프링데일에 있는 카길의 칠면조 가공공장이 제품의 살모넬라균 오염때문에 폐쇄됐다. 당시 카길의 칠면조 분쇄육을 먹고 31개 주에서 100명이 살모넬라 식중독에 걸렸으며, 1명이 사망했다. 카길은 36만 파운드(16만3000kg)의 칠면조 분쇄육에 대해 리콜을 실시했다. 카길은 2011년 12월 세균오염을 막기 위해 칠면조 분쇄육 가공공장에 고압세척공정을 도입하기로 했다고 발표했다. 카길은 이미 쇠고기 분쇄육 가공공장에 고압세척공정을 도입한 바 있다. 하지만 살인적인 작업속도와 저임금 비숙련 노동자 고용, 불결한 작업환경을 개선하지 않은 채 고압세척공정을 도입한다고 해서 문제가 해결되지는 않을 것이다.

흰색 가운과 무균 수술법을 도입한 영국 의사 리스터(1827~1912)의 이름을 따서 명명된 리스테리아균은 1924년에 발견되었다. 리스테리아는 고기·핫도그·우유·치즈·아이스크림·채소·생선·토양·물 등을 통해 전염될 수 있다. 리스테리아균은 가축에게 뇌막염·유산·패혈증 등을 일으킨다. 리스테리아균에 감염된 가축들은 신경계가 손상되어 고개를 한쪽으로 기울이며 빙빙 돌기 때문에 이 병을 '선회병'이라고도 한다. 사람에게는 구토, 복통, 설사를 동반하는 식중독 증세를 일으킨다. 건강한 사람은 대부분 자연적으로 회복하지만, 만성질환자나 임산부·노약자·신생아 등 면역력이 떨어진 사람은 식중독에 걸리거나 목숨을 잃을 수도 있다. 특히 임산부는 건강한 사람에 비해 20배나 더 리스테리아병에 잘 걸리며, 이로 인해서 유산이나 사산을 하기도 한다.

2008년 캐나다에서는 캐나다 최대의 식품 재벌인 매케인 가문에서 운영하는 메이플 리프 푸즈의 쇠고기·칠면조 고기로 만든 샌드위치를 먹고 57명이 리스테리아균에 감염되어 22명 사망하는 식중독 사고가 발생했다. 피해자들은 온타리오·퀘벡·서스캐처원·브리티시 콜럼비아 등 4개 주 법원에 거액의 피해보상을 요구하는 소송을 제기했으며, 2008년 12월 2700만 달러의 보상금을 받는 것으로 합의했다. 미 농무부는 2012년 1월 27일에도 리스테리아균에 오염된 18번가 델리사의 칠면조와 햄, 삶은 계란으로 만든 줄리엔 샐러드 118파운드(53.5*kg*)에 대해 리콜을 실시했다.

구부러진 막대 모양의 균이라는 뜻의 캠필로박터균은 처음에 콜레라를 일으키는 비브리오균으로 분류되었다가 1963년에야 지금의 이름을 얻었다. 주로 소나 양 같은 가축에서 유산을 일으키는 세균으로 알려졌지만 1972년 설사 증상을 보인 벨기에 소년들의 분변에서 이 균을 분리한 이후 사람에게도 식중독을 일으킨다는 새로운 사실이 밝혀졌다.

캠필로박터균은 미국의 식중독 환자 중 입원환자가 세번째로 많으며, 사망자가 다섯번째로 많은 식중독 원인으로 지목받고 있다. 미국 질병관리본부는 2011년 보고서에서 해마다 84만5000명의 미국인이 캠필로박터 식중독에 걸려서 8400명이 입원하고 76명이 사망한다고 추정했다. 캠필로박터균은 소·돼지·닭·양·염소·오리·거위·야생조류·개·고양이·쥐 등의 광범위한 동물에서 흔히 발견되는 세균이다. 미국 농무부는 1996년 도축한 닭의 88%에서 캠필로박터균이 검출되었다는 연구결과를 발표했으며, 미국 소비자연맹은 1998년 시중에서 판매되는 닭고기 샘플 1000개를 검사해보니 63%에서 캠필로박터 양성반응이 나왔다고 밝혔다.

캠필로박터균은 뇌에서 근육으로 신호를 전달하는 말초신경을 파괴하는 희귀질환인 길렝-바레 증후군을 일으킨다. 안면마비, 호흡곤란, 음식물 삼키기 어려움 등의 증상이 나타나는 길렝-바레 증후군은 예방접종의 부작용으로 발생하기도 하는데, 이 증후군에 걸린 환자 중 40%에서 캠필로박터균이 확인되었다. 또한 캠필로박터균은 맹장염·복막염·심근염·뇌막염·담낭염·요도염·패혈증 등을 일으키기도 한다.

세균·바이러스·곰팡이·기생충 등 식중독의 원인체는 인류가 발생하기 전부터 자연계에 존재해왔고, 앞으로도 완전히 박멸되지는 않을 것이다. 많은 사람들이 오해를 하고 있는 것처럼 채식을 하거나 유기농 축산물만을 먹는다고 하더라도 식중독에 전혀 걸리지 않는 것은 아니다.

그러나 공장식 축산농장·도축장·가공공장 등을 통해 식중독 원인체가 보다 더 많이, 보다 더 빨리 퍼져나가고 있는 것은 분명한 사실이다. 공장식 축산 시스템에서 가축은 더 다양하고 강력한 세균에 감염되고 있고 그것을 먹는 인간 역시 더 많은 위험에 노출되고 있다. 축산업계의 로비로 인해 식중독 원인체에 대한 검사와 도축장의 위생 상태에 대한 점검이 제대로 실시되지 못한다면 로렌 루돌프나 스테파니 스미스 같은 희생자들이 계속 나오게 될 것이다. 검사와 규제를 강화하면 고기 가격이 올라갈 것이라는 산업계의 논리는 이윤을 위해 생명을 희생하겠다는 말과 똑같다. 정부의 역할은 소비자들에게 요리를 할 때 충분히 익혀먹고, 손을 깨끗이 씻으라고만 하는 데서 끝나는 것이 아니다. 정부는 농장에서 도축장을 거쳐 슈퍼마켓까지 유통되는 고기가 식중독 병원체에 오염되지 않도록 제대로 된 식품안전 정책을 펼쳐야 할 것이다.

9 공장형 가축농장은 '전염병'의 마르지 않는 저수지

공장식 축산에 대한 동물의 역습, 광우병

1985년 영국에서 시작되어 유럽과 미국을 거쳐 우리나라까지 전세계를 휩쓸었던 광우병 공포는 공장식 축산방식에 대한 동물의 역습이었다. 성격이 온순하고 건강하던 젖소가 갑자기 발길질을 해댔다. 조그마한 외부 자극에도 민감하게 반응하면서 공격적인 행동을 보였다. 마약을 먹고 환각에 빠진 듯 경련을 일으키며 비틀거리더니 뒷다리를 질질 끌며 주저앉아버렸다. 미친 것 같은 소들은 어떤 약물로 치료를 해도 아무 소용이 없었다. 결국 소들은 비참하게 죽어갔다. 죽은 소를 부검해서 뇌를 잘라보니 뇌 신경세포에 스펀지처럼 구멍이 숭숭 뚫려 있었다.

영국 정부 소속 소수 전문가들은 소에서 나타난 이상한 질병이

양이 걸리는 스크래피병과 파푸아뉴기니에 사는 식인부족들에 나타난 쿠루병, 그리고 사람에서 드물게 나타나는 크로이츠펠트-야콥병CJD과 같다는 사실을 알고 있었다. 영국 정부 소속 연구팀은 1987년 12월 마무리된 역학조사를 통해 소나 다른 동물의 사체를 갈아서 만든 육골분 사료가 원인일 가능성이 높다고 추정했다.

그러나 영국 정부와 축산업계, 그리고 소수의 전문가들은 2년 동안이나 이러한 사실을 언론과 대중에 알리지 않고 쉬쉬하고 있었다. 그들이 광우병 관련 내용을 비밀에 부친 이유는 영국산 쇠고기와 우유가 국내외에서 신뢰를 잃게 되어 영국 축산업에 경제적 타격을 초래할 수 있다는 점을 우려했기 때문이었다.

그 사이 미친 소들은 점점 늘어났다. 1987년 말까지 광우병 소 446마리가 발견되었으며, 1988년 12월에는 2514마리로 증가했다. 침묵의 카르텔을 깬 것은 언론이었다. 1988년 2월부터 언론이 광우병 발생을 다루기 시작했고, 『선데이 텔레그레프』는 1988년 4월 22일부터 광우병 사태에 대한 기획기사를 시리즈로 내보냈다. 언론은 처음부터 소의 뇌에 구멍을 내고 미치게 만드는 이 병이 사람들에게도 전염될 위험이 있다고 경고했다. 그런데도 영국 정부는 1996년까지 광우병에 걸린 쇠고기를 먹으면 인간광우병에 걸린다는 사실 자체를 인정하지 않았다.

영국 정부는 1988년 7월에야 소와 양에게 동종식육을 금지하는 사료정책을 실시한다. 다시 말해 반추동물에게 반추동물을 원료로 만든 동물성 단백질 사료를 먹이는 것을 금지한 것이다. 이 조치는 사람을 보호하기 위해서가 아니라 가축을 보호하기 위해서 내려졌다. 이때까지는 광우병에 걸린 소들을 시장에 내다팔 수 있었다. 영국 정부는 사료규제 조치를 내린 뒤 한 달이 지나서야 광우병 증세가 뚜렷한 소의 판매를 금지했다. 뇌·척수·창자 등 특정위험부위에 대한 식용금지 조치는 1989년에 내려졌다.

그런데 반추동물 사료규제 조치와 광우병 소 판매금지 조치에 뒤따르는 경제적인 보상정책이 제대로 마련되지 않았다. 병들어서 판매가 금지된 소를 시가의 50%로만 보상했다. 그래서 농장주들은 광우병 증상이 뚜렷하지 않은 감염 소들을 시장에 내다팔았으며, 예전에 구입한 육골분 사료를 소에게 계속 먹였다. 경제적 손실을 제대로 보상받지 못한 렌더링업자와 사료업자들은 육골분 사료를 수거하지 않고 유통시켰다. 이들은 계속해서 유럽, 미국, 캐나다, 일본 등으로 육골분 사료를 수출했다. 영국 정부는 육골분 사료를 수출금지 시키지 않음으로써 광우병이 확산되는 것을 방조했다. 또한 특정 위험부위에 대한 식용금지 조치와 관련하여 도축장에서 위험부위를 제거하라는 지침도 내리지 않았다.

영국 정부는 1990년부터 모든 농장동물에게 광우병 위험물질이 포함된 동물성 사료를 먹이는 것을 금지했다. 1990년 2월 광우병이 쥐에게 전염된다는 연구결과가 나왔고, 곧이어 5월에는 애완용 고양이가 광우병 증상으로 죽었다. 1992년 2월 회람된 정부의 비밀문건에는 광우병이 영장류에게 전염된다는 사실이 들어 있었다.

그런데도 영국 정부는 대중들에게 진실을 은폐했다. 1990년 5월, 당시 농림부장관이던 존 검머는 자신의 네 살짜리 어린 딸과 함께 BBC 방송에 출연하여 쇠고기가 안전하다며 직접 햄버거를 먹는 쇼까지 연출했다. 그는 TV에서 "광우병이 동물에게서 인간에게로 전파된다는 증거는 세계 어디에도 없습니다. 참조할 수 있는 모든 과학적 증거들에 비추어볼 때 쇠고기는 안전합니다"라고 강조했다. 영국 정부는 영장류 실험결과를 이미 알고 있었던 1992년 6월에도 쇠고기는 어린이나 병원에 입원한 환자가 먹어도 안전하다고 발표했다.

현실은 영국 정부의 발표와는 정반대로 돌아가고 있었다. 광우병에 걸린 소들은 1990년 1만4407마리, 1991년 2만5359마리, 1992년 3만7280마리로 해마다 늘어갔다. 1992년까지 영국에서 광우병에 걸려 죽은 소가 12만 마리가 넘었다. 스위스, 포르투갈, 덴마크, 독일 등 다른 나라에서도 광우병에 걸린 소가 발견되기 시작했다.

1993년엔 비키 리머라는 15세 소녀가 광우병 소처럼 주저앉는 증상을 보이다가 혼수상태에 빠졌다. 뇌를 검사해보니 스펀지처럼 구멍이 숭숭 뚫려 있는 상태였다. 햄버거를 즐겨먹던 소녀의 발병 소식은 대중들에게 엄청난 충격을 주었다. 곧이어 광우병에 감염된 소를 돌보던 농부 세 명이 크로이츠펠트-야콥병에 걸려 사망했다는 소식이 전해졌다. 1994년엔 19세의 남학생에게서 인간광우병 증상이 나타났다. 그는 고모의 농장에서 살균처리하지 않은 생우유를 8년 동안 마셨다고 한다. 1995년 8월엔 고기파이를 즐겨먹던 10대 소녀와 광우병에 감염된 소들을 기르던 59세의 농민이 인간광우병에 걸렸다. 1996년에 접어들자 인간광우병 환자는 9명으로 늘어났다.

영국 정부는 인간광우병으로 사람들이 죽어가는 상황 속에서도 쇠고기 섭취와 인간광우병은 관련이 없다는 입장을 고수했다. 영국 보건부는 1995년 11월 19일 보도자료를 통해 광우병과 인간광우병 사이의 연관 가능성을 완전히 부인했다. 보건부장관은 1996년 1월 26일에도 기자회견을 열고 "광우병이 크로이츠펠트-야콥병을 일으킨다는 증거가 없다"고 밝혔다.

대중과 언론은 인간의 생명보다 경제적 이윤을 더 앞세워 진실을 감추는 영국 정부, 관변 전문가, 축산업계에 분노했다. 일부 양심적인 전문가들이 광우병에 관한 진실을 공개했다. 1996년 3월, 드디어 영국 정부는 광우병 쇠고기와 인간광우병 사이의 연관관계를 인정했다.

2011년 11월까지 전세계적으로 225명이 인간광우병에 감염되어 224명이 사망했다. 그중 영국에서 발생한 인간광우병 환자가 176명이나 됐다. 영국에서는 2008년 2명, 2009년 3명, 2010년 3명, 2011년 5명 등 최근까지도 인간광우병 환자가 발생하고 있다. 아시아에서는 2004년 일본에서 1명, 2010년 대만에서 1명, 2010년 사우디아라비아에서 1명의 인간광우병 환자가 발생했다.

광우병 대재앙을 겪으면서 영국과 유럽에서는 식품안전에 대한 관심이 높아졌다. 이러한 관심은 가축들을 햇볕도 들지 않는 축축하고 더럽고 비좁은 우리에서 가두고 동족들의 사체에서 뽑아낸 육골분과 유전자조작 곡물을 섞어서 만든 사료를 먹이는 공장식 축산방식을 반성하는 것으로 이어졌다. 먹을거리의 안전과 인간의 건강을 위해서는 동물의 복지에 관심을 기울여야 하며, 유전자조작 곡물의 재배와 유통을 규제해야 한다는 주장이 차차 설득력을 얻게 되었다.

생매장과 매몰 구덩이 핏물이 보여준 구제역 아비규환

안동시 와룡면 서현리는 30가구가 살고 있는 조그마한 시골마을이다. 이곳에서는 16년 전부터 10곳의 농가가 돼지를 기르기 시작했다. 규모가 점점 커져 2010년엔 1만4000마리의 돼지를 사육하는 대규모 양돈단지로 변했다. 2010년 11월 23일 이곳의 한 돼지농장에서 젖먹이 새끼돼지들이 발굽과 입 주변에 물집이 생기면서 죽기 시작했다. 농장주는 안동시에 구제역 의심신고를 했다. 신고를 받은 경상북도가축위생시험소는 간이키트 검사●를 해서 음성이 나오자 구제역이 아니니까 안심하라고 했다.

돼지들은 계속 폐사했다. 사흘 후 다른 양돈농가에서도 돼지들이 발굽

● 간이키트 검사는 항체가 형성되었는지 여부를 통해 구제역을 진단하는 방법이다. 구제역 바이러스는 감염된 후 1~2주가 지나야 항체가 형성된다. 따라서 항체 간이 진단 키트 검사는 바이러스가 가축 몸에 들어왔더라도 항체가 형성되지 않으면 음성으로 판정되기 때문에 초기 진단법으로 전혀 쓸모가 없다. 정확한 판정을 위해서는 바이러스를 검출할 수 있는 항원검사를 해야 한다.

과 입 주변에 물집이 생기면서 죽어나갔다. 신고를 받고 방역당국에서 나와 간이키트 검사를 해보니 또 음성이 나왔다. 처음으로 구제역 의심신고를 한 농장 주인은 참다못해 28일 직접 수의과학검역원을 방문하여 정밀검사를 의뢰했다. 두번째 농가에서도 계속 돼지들이 폐사했다. 경북가축위생시험소도 같은 날 두번째 농가의 샘플을 수의과학검역원에 보내 정밀검사를 의뢰했다. 정밀검사에서 놀랍게도 최근 중국과 베트남 등에서 유행하고 있는 O형 구제역 바이러스가 발견됐다.

경북 안동에서 시작된 구제역은 경기북부와 강원도로 퍼져나갔고, 경기남부를 거쳐 충청도에 이르기까지 전국적으로 유행하여 구제역 대재앙을 불러왔다. 2011년 4월 5일까지 346만8735마리의 가축들이 살처분되어 전국 4583곳의 매몰지에 묻혔다. 특히 돼지들이 많은 피해를 당해 331만7864마리가 매몰되었다. 국내에서 사육되는 돼지 3마리 중 1마리를 파묻은 셈이다. 소는 한·육우 11만4474마리, 젖소 3만6397마리를 살처분했다. 국내에서 사육되는 소 20마리 중 1마리가 목숨을 잃었다.

구제역 바이러스는 공장식 축산업이 발생하기 이전에도 존재했고, 야생동물에게도 감염이 일어나고 있다. 유기농을 비롯한 어떤 사육 방식을 선택해도 인간이 가축을 기르는 상황에서는 구제역 같은 전염병이 발생할 수밖에 없다. 그러나 좁은 공간에 소나 돼지를 밀집 사육하고 단일 지역에 축산 농장이 몰리는 등 공장식 축산이 구제역 바이러스가 퍼지기 좋은 조건을 만들었다. 공장식 축산방식은 생산성이 좋은 소수 품종을 집중적으로 사육하여 가축의 유전적 다양성을 파괴시켰다. 높은 스트레스로 면역력이 떨어진 가축은 전염병에 더욱 취약해졌다.

매몰 작업에 공무원, 군인, 경찰, 소방공무원, 민간인 등 51만 명이 넘는 사람들이 동원되었다. 이들 중 상당수는 생매장 과정을 지켜보면서 외상 후 스트레스 증후군이 나타났으며, 자식 같은 소를 묻는 농민의 심정은 타들어갔다. 살처분당한 돼지의 상당수가 산 채로 파묻혔다. 인도적 안락사는 매뉴얼에나 나오는 현실성 없는 먼 나라 이야기였다. 돼지들은 살기 위해 발버둥을 쳤고, 매몰지 바닥의 비닐은 찢어졌다. 그야말로 아비규환의 생지옥이었다.

돼지 사체가 썩어가면서 핏물이 매몰지 밖으로 흘러나오는 경우도 많았다. 심지어 침출수가 지하수로 흘러들어가 매몰지 근처 농가의 수도꼭지에서 핏물이 나오기도 했다. 매몰지의 환경오염 피해는 장기간에 걸쳐 나타난다. 영국 보건부가 2001년 발표한 「가축 매몰이 대중 건강에 미치는 위험 연구」 보고서에서는 "침출수가 지하수로 유입되는 일은 20년 이상 나타날 수 있다"고 밝히고 있다.

대규모 살처분에 따른 대량 매몰 방식은 필연적으로 환경재앙을 불러올 수밖에 없다. 그런데도 정부의 현실 인식은 안이하기 짝이 없었다. 환경부 장관은 수많은 매몰지에서 침출수가 새어 나오는 현실을 외면하고 "매뉴얼대로 매몰하면 침출수는 지하수를 오염시킬 수 없다"는 생뚱맞은 주장을 했다. 또한 인근 주민들의 침출수 유출 우려에 대해 "현장 주민들은 과학적 마인드를 가지고 있지 않고, 꺼림칙한 정서로 말한다"며 폄훼했다.

환경부가 발주한 용역보고서를 보더라도 침출수 유출 문제는 심각하다. 한국환경공단이 2004~2010년 5월에 조성된 가축 매몰지 23곳을 대상으로 표본조사를 했는데, 매몰지 8곳(34.8%)에서 침출수가 유출돼 인근의 지하수와 토양을 오염시킨 것으로 밝혀졌다. 오래된 매몰지일수록 침출수 유출이 더 심했다. 2010년 매몰지는 8곳 중 1곳(13%), 2008년 매몰지는 10곳 중 3곳(30%), 2007년 매몰지는 3곳 중 2곳(67%), 2004년 매몰지는 2곳 중 2곳(100%)에서 침출수가 유출됐다. 2004년 조류독감으로 닭 2만여 마리를 묻은 충남 천안시의 매몰지 2곳에선 모두 침출수가 새어나와 지하수를 오염시켰다. 부패한 동물 사체에서 나온 침출수엔 대장균, 장 바이러스 등의 유해한 미생물과 질산성 질소, 암모니아성 질소 등 유독화학물질이 가득 득실거릴 가능성이 높다.

2001년 영국에서는 구제역이 발생해 가축 400만 마리가 살처분됐다. 130만 마리가 매몰됐고, 나머지는 노천 소각, 이동식 소각로 등의 방식으로 처리했다. 영국의 각 지역 정부는 구제역 방역 조치의 일환으로 관광객의 진입을 차단했다. 또 언론을 통해 소각이나 매몰 등 살처분 장면, 살처분을 기다리는 가축 모습이 보도되면서 자국민과 외국인 관광객의 발길이 뚝 끊겼다. 영국 관광업 수입은 농업 수입의 4배 규모였는데, 구제역 피해가 심했던 캄브리아·데본 지역은 관광 수입이 80%나 감소했다.

웨일스 지방의 에핀트에선 침출수가 토양과 강으로 유출돼 심각한 환경문제를 일으켰으며, 지역주민들이 시위를 벌이고 항의하는 일까지 발생했다. 결국 매몰했던 가축의 사체를 다시 파내 소각하기로 했는데, 주민들은 소각처리도 환경오염이 되기 때문에 렌더링 처리를 할 것을 요구하며 대규모 시위를 벌이기도 했다.

인간의 건강과 관련하여 구제역 바이러스가 인간에게 전염이 되는지에 대해 논란이 있다. 우리 정부는 공식적으로 "구제역은 인수공통전염병이 아니다"고 주장하고 있다. 그러나 구제역은 드물지만 인간에게도 전염될 수 있는 인수공통전염병이다.

1997년 독일 학자 바우어는 논문을 통해 "구제역이 인수공통전염병이라는 사실은 의심할 여지가 없다"고 밝혔다. 영국에서 구제역이 발생하여 사회적으로 문제가 되었을 때, 『영국의학저널BMJ』은 2001년 3월 "구제역은 인간에게 전염될 수 있는 인수공통전염병이지만 종간 장벽을 뛰어넘기 어려워 영향을 거의 미치지 않는다"고 밝혔다. 영국 『가디언』도 2001년 11월 "19세기 구제역으로 인해 적어도 두 사람이 사망하고 200명 이상이 고통스러운 증상을 겪었다"고 보도했다.

호주 정부도 "구제역이 아주 드물게 인간에게 전염되지만 증상은 아주 약하다"는 입장이다. 호주 정부 당국은 "구제역의 인체 감염은 구제역에 감염된 가축을 다루는 중에 또는 실험실에서 피부 상처를 통해 일어날 수 있으며, 구제역에 감염된 젖소의 우유를 마시면서 입을 통해서 발생할 수 있다"면서 과학적 사실을 있는 그대로 밝히고 있다.

심지어 국제수역사무국조차도 "구제역은 사람에게 즉시 전염되지 않고 공중보건상 위험은 없지만, 사람에게 감염됐다는 몇몇 사례가 보고됐다"면서 "사람의 감염은 동물과의 직접적 접촉에 의한 것"이라고 밝히고 있다.

구제역 바이러스는 위산에 민감하기 때문에 음식 섭취로 발병할 가능성은 아주 희박하다. 그러나 고기를 삼키기 전에 구강을 통해 감염될 수 있다. 특히 어린이의 경우나 입안, 입술 등에 궤양이 있는 면역력이 약한 사람의 경우는 드물게 구제역 바이러스에 감염될 수도 있다. 건강과 식품안전에 관련된 문제에서는 아무리 사소한 위험이라도 무시하는 것은 바람직하지 않다.

조류독감이 사람을 공격하다

2012년 새해 벽두부터 인도네시아, 베트남, 캄보디아, 중국 등에서 고병원성 조류독감 바이러스 H5N1에 감염되어 사망하는 사람들이 계속 보고되었다. 2012년 1월 7일 인도네시아 자카르타에서 비둘기를 기르던 스물네 살 먹은 젊은 남성이 사망했으며, 1월 20일에는 이 남성과 같은 집에 살던 다섯 살짜리 여자 아이가 목숨을 잃었다. 1월 16일엔 베트남 남부 메콩 삼각주의 중심도시인 컨터시 부근의 오리 농장에서 일하던 18살의 남성이 조류독감으로 사망했으며, 이틀 뒤에는 캄보디아 북서부 반테이 민체이 주에서 두 살배기 남자 아이가 숨졌다. 중국 정부는 1월 23일 중국 남서부 구이저우성의 한 병원에서 39세의 남성이 조류독감 증상으로 3일간 중환자실에서 입원치료를 받았으나 끝내 숨졌다고 밝혔다. 이 남성은 1월 6일 고열증상이 시작되었으며, 조류와 직접 접촉했는지 여부는 밝혀지지 않았다. 중국에서는 앞서 2011년 12월 31일 광둥성 선전시에서 버스 운전사로 일하던 39세의 남성이 조류독감으로 사망한 바 있다.

닭이나 오리 같은 새들만 감염되던 조류독감 바이러스가 종간 장벽을 뛰어넘어 사람을 공격한 것이 처음으로 확인된 것은 1997년 5월 홍콩에서다. 당시 세 살 어린이가 신종독감에 걸려 사망했는데, 이 어린이의 몸에서 조류에게만 있는 것으로 알려진 고병원성 인플루엔자 H5N1 바이러스가 발견됐다. 사람이 조류독감에 걸려 사망한 것이 처음으로 확인된 것이다. 1997년 홍콩에서는 18명이 조류독감에 감염되어 6명이 죽었으며, 600만 마리나 되는 닭과 오리를 살처분했다.

세계보건기구는 2003년부터 2012년 1월 28일까지 총 583명이 고병원성 조류독감에 감염됐으며 그중에서 344명이 사망했다고 밝히고 있다. 사망자가 가장 많은 국가는 인도네시아로 184명이 감염되어 152명이 목숨을 잃었다. 다음으로 희생자가 많은 국가는 베트남으로 120명이 감염되어 60명이 사망했으며, 이집트에서는 159명이 감염되어 55명이 생명을 잃었다. 중국에서는 42명이 감염되어 28명이 목숨을 잃었으며, 태국에서는 25명이 감염되어 17명이 사망했다. 캄보디아에서는 19명이 감염되어 17명이 사망했다.

나라마다 생활수준에 따른 주거·위생환경이나 보건의료체계에서 차이가 있기 때문에 조류독감의 발생 건수와 인간 사망자 수의 비례 관계는 서로 다르다. 인도네시아의 경우 가금류의 조류독감 발생은 261건으로 여섯번째였으나 사망자는 152명으로 가장 많았으며, 캄보디아도 조류독감 발생이 29건으로 열여덟번째였으나 사망자는 17명으로 다섯번째로 많았다. 이들 국가들은 치명율도 전세계 평균 59%보다 훨씬 높았다. 캄보디아에서는 조류독감에 감염된 사람 중에서 무려 89%가 사망했으며, 인도네시아도 82%가 목숨을 잃었다.

2003년 이후 조류독감에 감염되어 폐사하거나 살처분당한 가금류는 전세계적으로 4억 마리가 넘는다. 한국에서도 지금까지 조류독감으로 3000만 마리가 넘는 닭을 살처분하여 파묻었다. 가장 최근인 2010년 12월 말부터 이듬해 5월까지 조류독감 53건이 발생했는데, 매몰 처분을 당한 닭과 오리 등 가금류가 647만 마리에 이른다. 하지만 아직까지는 한국에서 사람이 감염되어 사망한 사례는 나오지 않았다.

독감의 원인으로 밝혀진 인플루엔자 바이러스는 인류보다도 더 오래된 진화의 역사를 가지고 있다. 인플루엔자 바이러스는 인간과 가축을 넘나들며 끊임없이 돌연변이를 일으켜 진화하고 있으며, 때때로 수많은 사람들의 목숨을 앗아가고 있다. 20세기 들어서도 1918년에 전세계적으로 5000만 명의 목숨을 앗아간 스페인 독감 바이러스를 비롯하여 1957~1958년에 유행한 아시아 인플루엔자 바이러스, 1968~1969년에 유행한 홍콩 인플루엔자 바이러스, 1997년 이후 고병원성 조류 인플루엔자 바이러스 등이 발생해 많은 인명 피해를 냈다.

돼지독감이 사람을 공격하다

고병원성 조류독감 바이러스에 목숨을 잃는 사람들이 늘어나자 세계보건기구를 비롯한 전염병 전문가들은 인플루엔자 대유행을 지속적으로 경고하기 시작했다. 그런데 2009년 봄에 엉뚱한 곳에서 문제가 발생했다. 조류독감이 아니라 돼지독감이 사람을 공격하기 시작한 것이다. 돼지독감 바이러스는 2009년 4월부터 2010년 7월 12일까지 전세계 214개 국가 및 지역에서 1만8337명의 목숨을 앗아갔다. 국내에서도 2010년 6월 12일까지 263명이 사망했다. 이것이 당시 전세계를 휩쓴 이른바 '신종플루' 유행이다.

돼지독감의 진원지는 멕시코와 미국이었다. 2009년 2월 멕시코 동부의 베라크루스 주 라글로리아 지역에서 집단적인 감기 및 발열

증상이 발생했다. 멕시코 보건당국은 3월 23일 라글로리아 지역 주민들을 대상으로 검사를 실시했는데, 마을 주민 1800명 중 60% 가량이 독감에 감염돼 있었다. 4월 13일 38세 남성이 처음으로 신종플루에 걸려 사망했으며, 뒤이어 3명의 어린이가 추가로 목숨을 잃었다.

라글로리아 마을 근처에는 세계 최대 양돈기업 스미스필드의 가공공장이 있는데, 이 회사는 근처의 강에 분뇨를 무단으로 배출하여 2000년 미 대법원에서 1260만 달러의 벌금 판결을 받은 전력이 있다. 이 지역 주민들은 "스미스필드의 돼지공장에서 나오는 배설물과 파리 떼가 문제를 일으켰다"며 이 공장을 신종플루의 원인으로 지목했다. 3월 15일~4월 19일 멕시코시티에서 산발적으로 감염자가 증가하기 시작했으며, 돼지인플루엔자 바이러스가 인간 대 인간 전염능력을 유지하게 되었다. 4월 5일~29일 때마침 부활절 연휴 기간이었는데, 많은 사람들이 휴가에서 돌아온 이후 감염자가 급증하기 시작했다.

비슷한 시기 미국에서도 돼지독감 증상이 나타나기 시작했다. 3월 28일~30일 미국 캘리포니아 주의 샌디에이고 지역에서 10세 소년과 9세 소녀가 심한 기침과 고열 증상을 보였으며, 텍사스 주에서도 신종플루 환자가 발생했다. 이에 따라 미국 정부와 멕시코 정부 사이에 최초 발생지를 둘러싸고 팽팽한 신경전이 벌어지기도 했다.

미국 질병관리본부는 4월 15일 돼지 인플루엔자 바이러스 H1N1에 감염된 환자를 공식 확인했다. 이에 따라 바이러스 명칭을 '돼지 인플루엔자'라고 불렀으며, 언론들은 쉬운 대중적인 언어로 '돼지독감'이라고 이름 붙였다. 그런데 미국 축산업계와 농무부 등은 소비자들이 돼지고기를 기피하게 돼 값이 폭락할 수 있다는 경제적 이유로 명칭을 변경해달라고 요구했다.

축산업계와 미 농무부 등의 이해를 대변한 국제수역사무국도 4월 28일 "A형(고병원성) H1N1 혈청형 돼지독감의 인간발병에 대해 식품을 통한 바이러스의 전염 사례가 없으며, 동물로부터 바이러스의 검출이 확인되지 않았으므로 과학적 근거에 기반하여 돼지 인플루엔자로 부르지 말아야 한다"는 성명을 냈다.

한국 정부 내에서도 명칭을 둘러싼 갈등이 드러났다. 보건복지부는 '돼지 인플루엔자'라 불렀고, 농식품부는 '멕시코 플루'라고 명칭을 바꾸었다.

이러한 상황을 반영하여 세계보건기구는 4월 30일 돼지 인플루엔자라는 명칭을 인플루엔자A_{H1N1}로 바꿨다. 이에 따라 한국 정부도 '신종플루'라고 명칭을 바꾸었다. 사실 '신종플루'는 새로운 용어가 아니다. 정부는 1997년 이후 동남아시아를 중심으로 조류독감이 유행함에 따라 "신종인플루엔자 대유행 대비 대응 계획"을 수립한 바 있다. 사실 인플루엔자 바이러스는 끊임없이 돌연변이가 일어나기 때문에 조류독감이든 돼지독감이든 문제를 일으킨 바이러스는 모두 '신종플루'인 셈이다.

그러나 아이러니하게도 세계보건기구가 정치적 결정을 통해 명칭을 바꾼 바로 그 시점에 과학자들은 바이러스의 유전자 분석을 통해 이것이 돼지독감 바이러스임을 확인했다. 과학잡지 『사이언스』는 이러한 상황에 대해 "돼지독감의 이름이 돼지독감 그 자체보다도 더 빨리 진화했다"며 조롱하는 글을 홈페이지에 게재하기도 했다.

한편 미네소타대학교에서 지리학 교수로 재직 중인 로버트 월리스는 4월 29일 독립언론 '지금 민주주의를democracy now'과의 대담에서 이번 돼지독감 바이러스 유행을 "북미자유무역협정NAFTA 인플루엔자"라고 이름 붙였다. 그는 소농이 몰락하고 대형화를 통한 기업형 농업방식으로 개편되는 과정에서 전염병도 세계화시대를 맞이하게 됐다고 주장했다.

가금류와 돼지 축산 방식은 제2차 세계대전 이후 크게 변화했다. 축산업이 발전함에 따라 미국의 남동쪽 몇 개 주에 축산도시가 생겨났다. 축사의 규모는 더욱 대형화되어 한꺼번에 3만 마리까지 수용할 수 있는 축사도 나왔다. 이러한 공장식 축산업은 자유무역협정과 같은 미국 주도 신자유주의 정책의 힘을 빌려 제3세계로 수출되었으며, 자본과 상품만이 아니라 인플루엔자의 돌연변이와 전염마저도 세계화된 것이다.

돼지는 사람, 돼지, 조류 3종 독감 바이러스의 혼합 도가니

현재까지 신종플루가 처음 발생한 곳이 어디인지 명확하게 규명하지 못했다. 미국은 멕시코를 지목하고 있고, 멕시코 정부는 미국 탓으로 돌리고 있다. 그러나 2009년 신종플루가 돼지 농장에서 발생했다는 사실은 변함이 없다. 돼지의 호흡기 상피세포에는 사람·돼지·조류의 인플루엔자 바이러스 수용체가 있기 때문에 돼지를 바이러스의 '혼합 도가니'라고 부른다. 다시 말해 돼지 몸에서 사람·조류·돼지의 독감 바이러스가 서로 뒤엉켜서 돌연변이가 일어나게 된다는 것이다. 독감 바이러스는 돼지를 공격하지 않고 3개월 동안 돼지 몸에 잠복해 있다가 사람을 공격할 수 있다. 돼지는 무증상 상태에서 매개체로서 역할만 하는 것이다.

역사적 관점에서 바이러스의 진화 과정을 고찰해보더라도 2009년 돼지독감 바이러스는 돼지에게서 인간으로 전염된 것이 틀림없다. 신종플루 바이러스의 유전자를 분석해보니 8개의 유전자 조각 가운데 6개는 북미 지역에서 발생했던 돼지독감으로부터 유래한 것이고, 나머지 2개는 유라시아 지역에서 발원한 돼지 인플루엔자 바이러스였다. 이 6개의 유전자 조각은 1998년 이후 북미 지역에서 발견된 돼지 인플루엔자 바이러스와 관련이 있으며, 특히 조류와 돼지와 인간의 인플루엔자 바이러스의 3중 조합도 있는 것으로 확인되었다. 하지만 2009년 돼지독감 바이러스는 이 3중 조합 바이러스와 세부적인 유전적 구성에서 차이가 있으며, 예전에 확인된 적이 없는 신종바이러스였다. 신종플루의 원인을 규명한 멕시코의 제라도 나바 교수는 로이터통신과의 인터뷰에서 "이번 연구결과는 북미의 양돈 산업이 이번 바이러스를 발생시키고 유지하는 데 중요한 역할을 할 수 있다는 점을 시사한다"고 밝혔다.

사람, 돼지, 조류의 바이러스가 돼지 몸에서 뒤섞인 3중 조합 돼지 인플루엔자A_{H1N1} 바이러스는 1998~2009년 사이에 종간 장벽을 뛰어넘어 사람에게 산발적으로 전염되었는데, 감염자들은 모두 돼지와 가까이에 있던 사람들이었다. 1998년 미국의 노스캐롤라이나 주 양돈장에서 발생한 돼지독감은 텍사스, 아이오와, 미네소타 등의 양돈장으로 퍼져나갔다. 아이를 임신한 32세의 여성이 폐렴 증상을 보여서 입원했다가 8일 만에 사망하기로 했다. 당시 학자들은 돌연변이가 일어난 바이러스가 언젠가는 다시 인간을 위협할 것이라고 경고했다.

2005년 위스콘신 주의 도축장에서 일하던 열일곱 살 소년이 3중 조합 돼지 인플루엔자A_{H1N1} 바이러스에 감염되었다. 이 소년은 두통, 설사, 허리 통증, 기침 등의 증상을 보였으나 열은 높지 않았다. 다행히 증상이 폐렴이나 패혈증으로 진행되지 않아서 목숨을 구할 수 있었다. 이후 2005~2009년 동안 사람이 3중 조합 돼지 인플루엔자A_{H1N1} 바이러스에 감염된 사례가 11건 보고되었다. 이들은 모두 회복해 건강을 되찾았는데, 감염 이전에 돼지와 접촉한 적이 있다는 공통점이 있다.

이처럼 2009년 대유행한 돼지독감 바이러스는 1998년 이후 10년 동안 북미대륙에서 돌연변이를 거듭하면서 진화해온 것이다. 특히 미국, 캐나다, 멕시코의 공장형 돼지농장에서 지속적으로 돌연변이를 거듭했을 것으로 추정된다. 돼지들에게서는 병원성이 약하거나 증상이 나타나지 않는 등 실질적인 경제적 피해를 끼치지 않았기 때문에 양돈업계는 돼지독감 바이러스의 감시 및 방역활동에 크게 관심을 기울이지 않았다. 그사이 돼지독감 바이러스는 공장형 돼지농장에서 일하는 노동자들·농장주·수의사·도축장 노동자들과 접촉하면서 인체에 전염될 수 있는 성질을 획득했으며, 그 가족들을 통해서 지역사회에 퍼져나간 것 같다. 어떻게 돼지독감 바이러스가 인간 대 인간 전염능력을 획득하여 인간 사회로 들어왔는지를 과학적으로 규명하기 위해서는 공장식 양돈장과 다국적 거대 축산기업의 돼지 도축장과 가공공장에 대한 역학조사가 필수적이다. 그러나 아직까지 이에 대한 과학적 조사가 제대로 이루어지지 않았다.

전염병의 발원지로 지목받은 공장식 축산농장

생태계 파괴, 지구온난화에 따른 자연재해, 초국적 거대기업 중심의 공장식 축산업, 신자유주의 이후 빈곤층 증대 등이 겹쳐지면서 전염병 대재앙으로 이어지고 있다. 특히 광우병, 조류독감, 돼지독감 같은 인수공통전염병과 관련하여 공장식 축산농장은 바이러스의 진원지 역할을 하고 있다. 공장식 축산공장에서 나온 바이러스가 빈곤으로 인해 면역력이 약해진 지역 농민과 노동자에게 전파되면서 전염병이 창궐하고 있는 것이다. 퓨Pew 자선재단과 존스홉킨스대학 블룸버그 공중보건대학은 공장식 축산방식에 대한 공동 프로젝트를 진행했다. 프로젝트를 진행하기 위해 수의학, 농업, 공중보건, 산업계, 정부, 농촌지역 옹호, 동물보호 등 다양한 분야를 대표하는 사람들로 구성된 퓨 위원회를 꾸렸다. 이들은 2년 6개월 동안 축산업이 공중보건, 환경, 농촌공동체, 동물건강 및 복지에 미치는 영향에 관해 각 분야의 전문가들과 토론을 벌였다. 그 결과 2008년 3월 29일 공장식 축산방식에 대한 퓨 위원회 보고서를 채택했다. 이 보고서 작성에는 빌 클린턴 행정부에서 1995년부터 2001년까지 농무부장관을 지낸 다니엘 로버트 글릭맨도 참여했다.

퓨 보고서는 공장식 축산이 공중보건에 다음과 같은 6가지 나쁜 영향을 끼치고 있다고 결론을 내렸다.

1. 공장식 축산방식은 돼지독감 대유행의 사례에서 본 것처럼 바이러스에 감염된 콧물과 재채기 등을 통해 인간에게 독감을 전염시킬 수 있다.
2. 공장식 축산방식은 한 곳에 많은 동물을 집중적으로 사육함으로써 아주 드문 바이러스 돌연변이가 일어날 수 있다.
3. 공장식 축산방식은 밀집사육으로 인한 스트레스로 동물의 면역체계를 약화시킨다.
4. 공장식 축산방식은 햇볕이 들지 않고 신선한 공기가 부족한 어두운 사육공간에서 병원체가 더 오랫동안 살 수 있도록 한다. 햇볕 속에 들어

있는 자외선은 인플루엔자 바이러스를 사멸시키는 아주 효과적인 수단이다. 오랫동안 축축하고 그늘진 곳에 가축을 사육함으로써 독감 바이러스가 오랫동안 살아남을 수 있다.

5. 공장식 축산방식은 똥 더미에서 나오는 암모니아 가스가 동물의 호흡기를 공격하여 감염을 일으킬 수 있도록 한다.

6. 공장식 축산방식은 살아있는 가축을 먼 곳까지 수송함으로써 세계 곳곳의 사람들에게 동물의 질병을 퍼트릴 위험이 있다. 비행기로 돼지를 수송할 경우 인플루엔자 대유행이 일어날 수 있다.

퓨 위원회 위원장 존 칼린은 전 텍사스 주지사를 역임한 정치인 출신이다. 그는 타이슨푸드·카길·스미스필드 같은 거대 농식품기업들이 보고서 채택을 위한 조사활동을 방해했다고 밝혔다. 거대 농식품기업들의 대표적인 조사활동 방해 수법은 산학협동 프로젝트 연구비 지원을 철회하겠다고 위협하는 것이다. 대부분의 대학이나 연구소는 이러한 위협을 받으면 굴복하거나 타협을 하게 된다.

거대 농식품기업들의 은근하고 노골적인 압력을 이겨내고 퓨 위원회는 공장식 축산이 한마디로 말해서 '바이러스의 슈퍼 배양소'라는 결론을 내렸다. 상식적인 사람이라면 가축과 인간의 건강을 파괴하여 생명을 앗아가는 공장식 축산방식을 당장 중단하지 않는다면 조류독감이나 돼지독감 같은 새로운 전염병이 계속 발생할 것이라는 퓨 위원회의 보고서의 결론에 동의할 것이다.

10 어떤 항생제에도 죽지 않는 세균이 당신의 목숨을 노린다

모든 항생제에 살아남는 무시무시한 완전내성 결핵균

인도 뭄바이에 있는 힌두자 국립병원의 의학연구센터 소속 의사들은 『임상 감염학』 2012년 2월호에 어떠한 결핵약으로도 치료되지 않는 완전내성 결핵균 환자 12명의 사례에 대해 보고했다. 완전내성 결핵균은 1차 치료 약물에 전혀 죽지 않았으며, 2차로 투여된 10여 종류의 치료약물에도 살아남았다. 2~3년 동안의 치료에도 불구하고 3명의 환자가 사망했으며, 나머지 환자들도 완치되지 않았다.

완전내성 결핵환자는 지난 2003년 이탈리아에서 2건이 처음 보고되었으며, 2009년에도 이란에서 15건이 보고됐다. 『세계보건기구 회보』 2012년 2월호에도 러시아와 몰도바에서 완전내성 결핵환자가 발생했지만, 자세한 보고가 이루어지지 않았다고 나와 있다. 러시아에서 발생하고 있는 결핵 환자 중 29%는 치료제에 내성을 보였다. 다시 말해 러시아 결핵환자 10명 중 3명 가량은 항생제 내성 결핵균을 가지고 있다는 얘기다. 몰도바에서도 결핵환자의 65%는 항생제에 내성을 보였다.

세계보건기구는 2011년 4월 "지난 2008년 한 해 동안 여러 약물에 내성을 갖는 결핵에 감염된 신규 환자가 44만 명에 달했고, 오는 2015년까지 200만 명을 넘어설 전망"이라고 밝혔다. 항생제 오남용에 따른 내성 세균의 증가로 해마다 수십만 명이 목숨을 잃고 있는데 이에 대한 대책이 시급하다.

인간과 동물에 대한 과도한 항생제 남용이 내성 세균을 부른다

항생제에 내성이 생긴 세균은 결핵균만이 아니다. 포도상구균과 폐렴균 등 다양한 종류의 세균들이 항생제를 써도 죽지 않는 슈퍼세균으로 변하고 있다.

세균이 일으키는 질병은 1940년 마법의 탄환이라고 불리는 페니실린이 대량으로 생산되면서 완전히 박멸될 것 같았다. 하지만 곧바로 세균의 반격이 시작되었다. 1941년 페니실린에 내성을 가진 포도상구균이 나타났으며, 1947년에도 페니실린에 내성을 가진 변종 황색포도상구균이 보고되었다. 페니실린을 투여해도 죽지 않는 포도상구균의 비율은 1942년 30%, 1950년 70%에 이르렀다.

현대과학도 새로운 반격에 나섰다. 황색포도상구균이 생산하는 페니실리나아제 효소에도 분해가 되지 않는 새로운 항생제 메티실린을 1960년에 개발했다. 현대과학은 승리의 환호성을 질렀다. 하지만 그 기쁨도 오래가지 못했다. 1년 후 곧바로 메티실린을 투여해도 살아남는 내성균이 나타났다. 내성균은 자신의 유전적 구성을 바꿔 페니실린에도 살아남고 메티실린의 공격에도 살아남는 새로운 방법으로 응전했다.

이러한 세균의 응전에 대응하여 현대과학은 반코마이신으로 재반격에 나섰다. 반코마이신은 1953년 보르네오 정글의 토양에서 처음으로 발견되었는데, 미국 식품의약청은 1958년부터 페니실린 내성균 치료에 사용하도록 승인했다. 반코마이신은 다른 항생제와 달리 내성이 쉽게 나타나지 않아 30년 이상 효과적으로 사용되었다. 이제 세균은 완전히 백기를 들었다고 생각했다.

그러나 항복을 한 것 같았던 세균은 또다시 재반격에 나서 1986년 유럽에서 반코마이신을 투여해도 죽지 않는 장구균이 발견되었으며, 1996년엔 일본에서 반코마이신에도 살아남는 포도상구균이 보고되었다. 우리나라에서도 1997년 반코마이신과 타이코플라닌을 투여해도 살아남는 포도상구균이 발견되었다.

이러한 더 강력한 내성균을 치료하기 위해 2000년에 리네졸리드와 2003년에 답토마이신이 개발되었다. 그러나 세균은 항생제 개발 속도보다도 더 빨리 돌연변이를 일으켜 끊임없이 내성균을 만들어내고 있다. 인간과 세균 사이의 전쟁은 결코 끝나지 않을 것이다.

항생제 내성균이 끊임없이 나타나는 가장 큰 이유는 사람과 동물에서 항생제를 지나치게 많이 쓰고 있기 때문이다. 사람의 경우, 감기나 기관지염은 주로 바이러스에 의해 일어나기 때문에 세균을 죽이는 용도인 항생제를 쓸데없이 사용할 필요가 없다. 세균으로 인한 합병증을 막기 위한 목적으로만 신중하게 투여해야 한다.

하지만 현실에서는 항생제가 영양제나 만병통치약처럼 마구잡이로 사용된다. 미국에서 사용되는 전체 항생제의 20% 이상이 감기나 기관지염에 처방되고 있다. 우리나라는 미국보다 더 심각하다. 우리나라는 OECD국가 중에서 항생제 최대 소비국이다. 의약분업으로 병원에서 항생제 처방이 감소하긴 했지만, 여전히 감기에 대한 항생제 처방률은 55%에 달한다. 반면 네덜란드에서는 17%만 감기에 항생제를 처방하고 있다. 한국의 항생제 처방률은 네덜란드에 비해 3배나 높다. 이렇게 항생제를 많이 사용하다 보니 한국인에게서 항생제 내성 폐렴구균 출현 빈도는 무려 77%나 된다. 미국인의 경우는 38%에서 내성이 나타났다.

가축에게 사용한 항생제가 인간에게도 악영향을 주다

그러나 항생제의 남용과 그로 인한 슈퍼 세균의 출현은 인간에 대한 항생제 사용을 줄인다고 바로 해결되는 문제가 아니다. 가축에

한국 축산농장의 항생제 오남용 실태

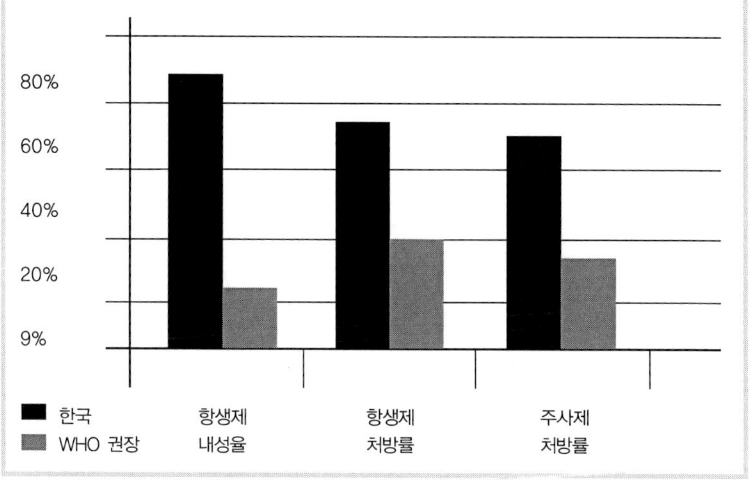

게 사용한 항생제가 인간에게도 위협이 될 수 있기 때문이다. 현재와 같은 공장식 축산과 어류 양식을 하기 위해서는 엄청난 양의 항생제를 투입해야 한다. 고기, 우유, 계란 같은 축산물과 광어, 우럭 같은 양식어류에 남아 있는 소량의 항생제가 음식과 함께 인체에 들어와 나쁜 영향을 끼칠 수 있다. 자기도 모르는 사이에 매일 항생제를 먹게 되며, 동물의 항생제 내성균이 사람에게 옮겨올 수 있는 것이다.

2009년 미국에서 판매되고 있는 닭고기 중 31%에서 항생제 내성 살모넬라균이 검출되었다. 같은 해에 일본에서 시판되고 있는 닭고기 가운데 20%에서 살모넬라균이 발견되었으며, 그중 5종류 이상의 항생제에도 죽지 않는 다제내성균이 40%가 넘었다. 반면 2008년 영국, 이탈리아, 스페인에서 판매되고 있는 닭고기를 대상으로 실시한 조사에서는 4~9%만 살모넬라균에 감염된 것으로 확인되었다.

우리나라 식품의약청도 지난 2009년 「식품 중 식중독균의 항생제 내성 실태조사 및 평가 보고서」를 공개했다. 시중 유통되는 닭고기·돼지고기·쇠고기를 수거하여 조사해보니, 무려 닭고기의 97.3%에서 세균이 검출되었다. 쇠고기와 돼지고기는 20~30%에서 세균이 나왔다. 닭고기에서 나온 대장균의 82~87%가 테트라사이클린이나 암피실린이라는 항생제에 내성을 보였으며, 장구균의 82%에서 테트라사이클린 내성이 나타났다. 돼지고기에서도 테트라사이클린, 암피실린, 스트렙토마이신에 내성을 가진 대장균의 비율이 60~80%였으며, 포도상구균의 페니실린 내성률도 67%에 이르렀다. 그리고 세 가지 계열 이상의 항생제에 내성을 보이는 다제내성균의 비율이 39%나 되었다.

현대 축산업은 밀집사육으로 인한 피해를 줄이기 위해 다량의 항생제 사용을 권장해왔다. 질병을 예방하고 성장을 촉진시킨다는 명분으로 마치 영양제라도 되는 양 건강한 가축에게도 사료에 항생제를 섞어 먹였다. 아울러 설사 같은 소화기 질환이나 기관지염·폐렴 따위의 호흡기 질환을 치료하기위해서도 항생제를 빈번하게 사용하고 있다.

축산업 가운데서도 특히 돼지에게 가장 많은 항생제가 투여되고 있다. 2007년 가축용 항생제는 소 8%, 돼지 57.2%, 닭 18.4%, 어패류 16.4%의 비율로 사용되었다. 2007년 12월 기준으로 한·육우 120만 마리, 젖소 45만 마리, 돼지 960만 마리, 산란계 5609만 마리, 육계 5623만 마리를 사육하고 있었음을 고려하더라도 돼지에서 지나치게 많은 항생제가 사용되고 있음을 알 수 있다. 돼지는 사료와 항생제를 섞은 비빔밥을 먹으며 사육되고 있는 셈이다.

미국에서는 항생제의 70%가 농장의 가축에게 투여되고 있다. 사람에게 투여되는 항생제는 30%에 불과하다. 미국 정부는 여전히 사료에 항생제를 첨가하는 것을 허용하는 정책을 택하고 있다. 소비자보다 제약기업과 축산기업에 친화적인 국제식품규격위원회CODEX도 잔류기준을 설정하여 항생제를 사료에 섞어 먹이는 것을 허용하고 있다.

축종별 항생제 사용량(단위 : kg)

구분	소		돼지		닭		어패류	
	2007년	2008년	2007년	2008년	2007년	2008년	2007년	2008년
수의사 처방용	9,612	5,592	37,787	39,801	9,447	13,615	26,601	30,814
자가치료 및 예방용	62,179	53,537	407,675	334,238	144,670	123,263	224,054	162,709
배합사료용	49,463	40,162	427,843	287,491	126,382	119,394	–	–
합계	**121,254**	**99,291**	**873,305**	**661,530**	**280,499**	**256,272**	**250,655**	**193,517**

반면 세계보건기구WHO는 항생제 내성 문제를 해결하기 위한 공동 노력을 제안하고 있다. 먼저 가축사료에 항생제를 첨가하는 행위를 즉각 중단하고, 가축이 병에 걸린 경우는 수의사의 처방에 따라 최소한의 약물만을 처방하며, 의사들은 특정 질병에 특정하게 작용하는 약물만을 처방함과 더불어 신약 위주의 처방습관을 바꾸고, 병원은 보다 엄격한 항생제 감시체계를 마련하라는 내용이다. 영국의 식품안전자문위원회와 미국의 공익과학센터는 가축의 항생제 오남용이 사람의 항생제 내성균 감염을 증가시키고 있다고 보면서 가축에게 사용되고 있는 수백만 톤의 항생제 사용을 규제하라고 요청하고 있다.

1969년 영국의 「스완 보고서」는 소에서 분리한 살모넬라균과 동일한 균주가 사람에서 분리되었으며, 이 균주가 항생제에 죽지 않고 내성을 보였다고 밝혔다. 「스완 보고서」는 가축의 성장을 촉진할 목적으로 사용하는 항생제 때문에 축산식품을 먹는 사람들의 세균성 질병을 치료하기 어렵게 될 것이라고 경고했다. 이후 시민단체와 보건활동가들은 가축의 항생제를 규제해야 한다는 주장을 제기하기 시작했다.

스웨덴에서는 육류에 항생제가 잔류하여 인간이 먹게 되는 일을 예방하기 위해 1986년부터 동물의 성장을 촉진하기 위해 사료에 항생제를 섞어 먹이는 것을 금지했다. 덴마크, 독일, 네덜란드는 1995년부터 사료 첨가용 항생제 사용 금지조치를 실시했다. 유럽연합도 1997년부터 사료에 아보파신을 첨가하는 것을 금지했다. 아보파신은 반코마이신과 유사한 구조를 가진 가축용 항생제이다. 인간에게서 반코마이신 내성균이 계속 증가하고 있는 상황에서 아보파신을 사료에 섞어 먹인 돼지와 닭에서 반코마이신 내성균이 발견되었다. 따라서 아보파신과 반코마이신의 교차내성에 대한 우려가 제기됐다. 교차내성이란 세균이 어떤 항생제에 내성을 갖게 되면 그 항생제와 화학적 구조나 작용기전이 똑같거나 비슷한 항생제에도 내성을 갖게 되는 것을 말한다. 예를 들면, 페니실린을 투여해도 죽지 않는 내성균은 같은 계열의 항생제인 아목시실린이나 앰피실린에도 내성을 갖게 된다.

유럽연합은 교차내성을 막기 위해 1999년부터 특정 항생제를 가축 사료에 섞어 먹이는 것을 금지했다. 이들 항생제의 사용량이 줄어들자 사람에게서 내성 장구균이 줄어들었다. 유럽연합은 항생제 규제를 더욱 확대하여 2006년부터 가축의 사료에 항생제를 첨가하는 것을 전면적으로 금지했다. 현재 유럽연합에서는 수의사의 진단과 처방을 통해서 세균성 질병을 치료하기 위한 목적으로만 항생제를 사용할 수 있다.

우리나라의 항생제 오남용 실태는 미국이나 유럽연합보다 훨씬 더 심각한 상황이다. 2002년을 기준으로 축산물 1톤을 생산하는데 투입된 항생제를 비교해보면, 스웨덴 30*g*, 덴마크 40*g*, 뉴질랜드 40*g*, 미국 150*g*, 일본 360*g*, 한국 910*g*이었다. 한국은 축산물 1톤을 생산하기 위해 항생제를 스웨덴보다 30배, 덴마크나 뉴질랜드보다 23배, 미국보다 6배, 일본보다 2.5배 더 많이 사용한 것이다.

국내 축산업에서 외국보다 더 많은 항생제를 사용하게 된 것은 우리나라의 독특한 치료 관행 때문이다. 우리나라는 가축에 항생제를 투여하는 데 수의사의 진단과 처방이 필요 없다. 그러다 보니 가축에서 수의사의 처방 없이 사용되는 항생제가 90%를 훨씬 넘는다.

2003년엔 동물용 항생제의 절반 가까이가 치료 목적이 아닌 질병 예방과 성장 촉진 목적으로 사료에 섞인 채 판매되었다. 또한 치료용으로 쓰이는 항생제 대부분은 수의사의 진단이나 처방을 받지 않고 농가에서 마구잡이로 무분별하게 사용하고 있다. 2009년엔 수의사 처방 없이 농가에서 임의로 구입하여 사용한 비율이 무려 67%에 이르렀다. 수의사 처방을 통해 치료 목적으로 사용되는 항생제는 2003년 7.6%, 2005년 6.1%, 2006년 5.8%, 2007년 5.5%, 2008년 7.4%,

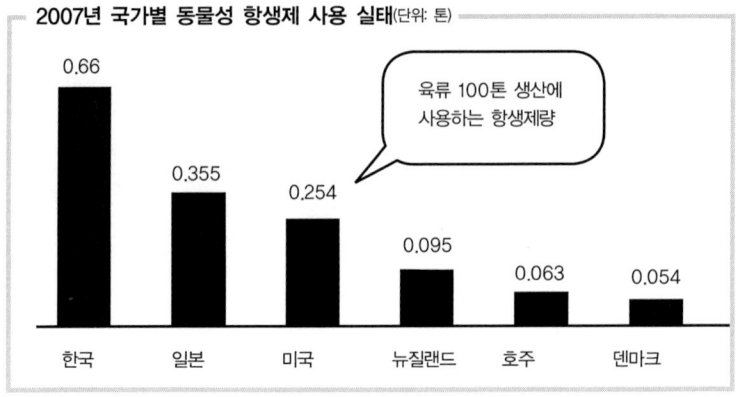

2007년 국가별 동물성 항생제 사용 실태(단위: 톤)

2009년도 항생제 사용 비율

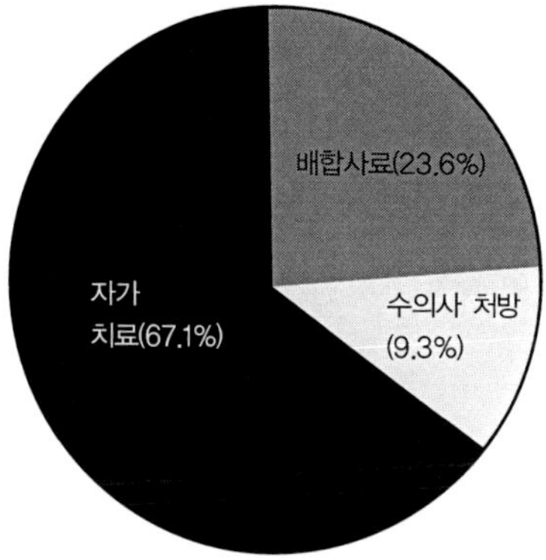

2009년 9.3%에 불과했다.

국내산 축산물에 대한 항생제 오남용이 사회적으로 문제가 되자 정부에서도 지난 2005년부터 사료에 섞어 먹일 수 있는 동물용 의약품의 종류를 53종에서 25종(항생제 15, 항균제 1, 기타 9)으로 줄이기 시작했다. 정부는 2009년 1월 1일부터 사료에 첨가할 수 있는 항생제를 9종으로 축소했으며, 2011년 7월 1일부터는 배합사료 항생제 첨가가 전면 금지되었다. 현재는 항생제 대체 물질로 생균제, 식물추출물, 올리고당류, 면역증강제, 유기산제, 효소제, 항산화제, 갈조류 등이 사용되고 있다. 앞으로 이러한 대체제의 안전성 문제가 제기될 것이다. 유럽에서는 이미 사료보조 생균발효제가 환경을 오염시킬 수 있으며, 생체 내에 축적되어 건강에 나쁜 영향을 끼칠 수 있다는 점이 지적되고 있다.

정부가 규제를 도입한 2005년 이후 국내에서 배합사료용 항생제 판매는 계속 감소했다. 이에 따라 가축에 사용되는 항생제도 꾸준히 줄어들고 있다. 2009년 항생제 사용량은 2003년에 비하면 38%나 감소했다. 항생제 사용량이 감소함에 따라 항생제 내성률도 조금씩 줄어드는 추세다.

그렇지만 여전히 국내 축산업에서 사용되는 항생제는 외국에 비해 많다. 가장 큰 이유는 배합사료용 항생제 사용이 줄어든 것과 대조적으로 자가치료용 항생제가 늘어났기 때문이다. 자가치료용 항생제는 2003년 45.8%, 2005년 50%, 2006년 51.2%, 2007년 55%, 2008년 56%, 2009년 67%로 해마다 그 비중이 늘어나고 있다. 일종의 풍선효과처럼 사료배합용 항생제에 대한 규제가 강화되자 상대적으로 규제가 느슨한 자가치료용 항생제의 사용이 늘어난 것이다.

양식장 물고기도 사료와 항생제를 30:1 비율로 먹어

공장식 축산에 비해 대중들의 관심이 떨어지고 규제가 소홀한 공장식 양식의 문제도 짚고 넘어갈 필요가 있다. 우리나라는 일본과 더불어 어패류를 세계적으로 많이 섭취하는 식습관을 가지고 있다. 우리나라 사람들은 지난 2008년에 1인당 40.7*kg*의 육류를 소비하는 동안 54.9*kg*의 수산물을 소비했다. 1년에 20*kg* 남짓 수산물을 소비하는 미국인보다 2배를 더 먹고 있다. 이러한 수산물 소비를 뒷받침하기 위해 국내 양식장에서 사육되고 있는 물고기는 2008년 통계로 무려 5억4600만 마리나 된다.

공장식 축산업과 마찬가지로 공장식 양식업에서도 생산성을 높이기 위해 사육밀도를 높인 결과 물고기들은 많은 질병에 시달리고 있다. 2008년에 1억7000만 마리의 양식 물고기가 폐사했다. 쥐치 같은 경우 폐사율이 56.6%에 이르렀는데, 치어 2마리 중 1마리 이상은 목숨을 잃었다는 얘기다.

이러한 상황에서 양식 물고기들은 항생제의 바다 속에 살게 됐다. 지난 2008년 국내 양식장 물고기들에게 투여한 190톤의 항생제는 전체 사료량 대비 30분의 1에 이른다. 단순하게 말해 양식 물고기들은 사료와 항생제를 30:1의 비율로 비빔밥을 만들어 먹고 있는 셈이다. 그 결과 양식장 물고기들에서 항생제 내성률이 높아졌다. 2003년 전체 수산용 항생제 판매량의 74%를 차지한 옥시테트라사이클린의 경우 내성률이 무려 80%를 넘었다.

양식장 물고기에서 항생제 내성균 문제가 심각하다는 사실은 정부 용역보고서를 통해서도 확인할 수 있다. 식품의약청은 지난 2007년 수산용 항생제 내성조사 용역결과를 발표했다. 연구자들은 일반어류양식장에서 넙치, 우럭, 돔, 농어 등 4종의 양식어류와 양식장의 물에서 총 981개의 균주를 분류해 항생제 내성을 시험했더니 그중 802균주(81.8%)에서 항생제 내성이 나타났다고 보고했다. 여러 가지 항생제를 투여해도 죽지 않는 다제내성균은 22.3%에 해당하는 219균주에서 분리되었다.

어패류의 내성균 증가는 식중독 증가로 이어질 수 있다. 지난 2007년부터 2010년까지 4년간 국내에서 발생한 식중독 사고 604건 중 어패류를 섭취할 때 주로 감염되는 장염비브리오균에 의한 식중독 사고가 87건이나 됐다. 6건 중 1건이 어패류로 인한 식중독인 셈이다.

공장식 양식장의 물고기들은 세균뿐만 아니라 기생충으로도 고통을 받고 있다. 대표적으로 넙치, 우럭, 참돔 등의 아가미나 피부에 기생하는 스쿠치카 섬모충이 있다. 이 기생충에 감염된 물고기는 피부에 궤양이 발생하고, 입부위에 출혈과 입안의 점막에 울혈이 생긴다. 눈알도 하얗게 백탁이 생기거나 돌출되며 뇌조직이 괴사하기도 한다. 어린 치어의 경우 한꺼번에 폐사하는 경우도 많다.

스쿠치카의 피해를 줄이기 위해서는 사육밀도를 줄이는 것이 최선의 방법이다. 양식장 수조를 자주 청소해서 오염을 줄이는 것도 중요하다. 그런데 국내에서는 사육환경을 개선하기보다 대표적 발암성 독극물인 포르말린을 수조 물에 타는 방법으로 대처하고 있다. 이러한 공장식 양식에서는 '과밀사육 → 물고기 질병의 빈번한 발생 → 약품의 대량투여'라는 악순환이 되풀이된다.

포르말린은 영화 〈괴물〉에서 주한미군이 무단으로 방류해 괴물을 탄생시킨 원인으로 묘사되기도 했다. 물론 그것은 과학적 근거가 별로 없는 상상이지만, 포르말린은 몇몇 생체 동물실험에서 돌연변이를 유발하는 것이 확인되었으며, 새집증후군의 원인으로 지목되기도 한다. 또한 포르말린은 인간에게 암을 유발할 가능성이 있는 발암의심 물질이다. 동물실험에서 폐암, 비강암, 구강인두암, 비강인두암과 밀접한 연관이 있다는 사실이 밝혀지기도 했다.

정부는 오랫동안 양식장에서 공업용 포르말린을 사용하는 것을 묵인하다가 2006년 11월 2일자로 수산용 포르말린으로 기생충 약은 제조하는 것을 허용했다. 그러나 일본에서는 양식 어류에 포르말린을 사용하는 것 자체가 금지되어 있다. 일본으로 수산물을 많이 수출하는 제주도에서도 2006년 7월 포르말린이 검출되면 반출을 금지하는 조례를 제정했다.

양식용 사료도 규제의 사각지대에 놓여 있다. 사료전문가 앤 N. 마틴은 한국의 양식장용 사료원료로 개와 고양이의 사체가 사용된 사실을 폭로한 바 있다. 2003년 12월 미국에서 발생한 광우병 사태로 대다수 아시아 국가가 미국산 쇠고기가 함유된 원료수입을 금지한 이후 미국 사료업자들은 캘리포니아에서 합법적으로 개와 고양이의 사체로 육골분 사료를 만들었다. 이 육골분 사료가 양식장용 사료 원료로 가공되어 중국, 일본, 싱가포르, 대만, 한국에 수출됐다는 것이다.

공장식 양식업은 유전자 조작 물고기의 상업화에도 앞장서고 있다. 성장호르몬을 변형시켜 주입한 잉어 · 틸라피아 · 대서양 연어 ·

미꾸리지·굴·새우·전복 등의 양식 어패류는 성장이 빨라져 사육 기간이 단축되고, 적은 양의 사료로도 더 잘 성장해 더 많은 이윤을 남기게 해준다. 현재 물고기를 특정 질병에 저항성이 강하도록 만들거나 낮은 온도에서도 생존이 가능하거나 불임을 유도하는 등의 유전자조작 연구들이 활발히 진행되고 있다.

대표적인 유전자조작 물고기는 미국 아쿠아바운티사가 개발한 아쿠아어드밴티지 연어다. 연어 양식은 0.5㎏의 어육을 얻기 위해 1.5㎏의 생선을 사료로 먹여야 한다. 따라서 성장속도와 사료효율은 이윤과 직결된다. 아쿠아어드밴트지 연어는 성장속도가 2배로 빨라져서 원래는 3년은 지나야 성장하는 보통 연어에 비해 16~18개월 만에 판매할 수 있을 만큼의 크기로 성장하여 이윤을 높여준다.

현재 아쿠아어드밴티지 연어는 미 식품의약청에서 인간의 식용으로 허용하기 직전에 미 의회에서 일시적으로 보류된 상황이다. 미국 하원은 2011년 6월 15일 유전자조작 연어에 대한 미 식약청의 식용승인을 금지하는 법안을 채택했다.

식품안전에 대한 규제가 느슨한 중국이나 남미 등에서는 이미 유전자조작 어류가 대규모로 양식되어 상업적으로 판매되고 있는 것으로 보인다. 유전자조작 생물체와 슈퍼박테리아가 결합되었을 때 어떠한 상황이 벌어지게 될지는 아무도 알 수 없다.

전문가와 로비를 동원한 동물약품업계의 반격

미국 농무부와 국제 동물건강연맹IFAH 등의 단체들은 소비자의 안전과 가축의 건강과 복지를 위한 우리나라의 동물용 항생제 규제 정책에 대해 반대서한을 보내 항의했다. 국제동물건강연맹은 그 이름과는 달리 동물복지를 위하는 단체가 아니라 실제로는 세계 100여 개 국가의 동물약품업체들이 모인 단체이다. 이 동물약품업체들은 항생제 사용이 줄어들면 자신들의 매출이 감소하기 때문에 항생제 사용규제를 반대하고 있다. 이들은 학계의 전문가를 동원하여 그럴듯한 논리를 만들어 사료에 항생제를 섞어 먹이는 것을 옹호하며, 의회와 행정부에 로비를 벌여 항생제 관련 규제가 통과되는 것을 가로막고 있다.

미국 농무부는 앞으로 한국 소비자들의 안전의식이 높아져서 사료에 항생제를 섞어 먹이는 국가로부터의 축산물 수입을 규제하라고 요구할 것을 우려하고 있는 것 같다. 소비자 운동이 보다 활발해진다면 멀지 않은 미래에 한국에서 유통되는 육류에 현재 시행되고 있는 원산지 표시와 더불어 사료에 항생제나 유전자조작 곡물을 사용했음을 표시하는 새로운 규제가 도입될 가능성도 있다.

미국 농무부나 동물약품업체들은 사료에 항생제를 섞어 쓰는 행위를 적극적으로 권장하고 있지만, 미국 식품의약청은 인간에게 내성균이 전염되는 것을 막기 위해 가축의 항생제 사용규제를 조금씩 강화하고 있다. 미국 식품의약청은 2006년 바이엘사가 생산·공급하고 있는 항생제 바이트릴(엔로플록사신)에 이 약이 사람의 항생제 내성을 조장할 수 있다는 이유로 판매금지 조치를 내렸다. 레스터 크로포드 미 식품의약청장은 "바이트릴은 닭과 칠면조에 호흡기 질환을 일으키는 캠필로박터균을 막기 위해 사용되지만 이 박테리아는 사람에게 점점 더 심각한 질병을 일으키는 원인이 되고 있으며 항생제에 대한 내성이 강해지고 있다"고 지적했다.

그동안 양계농가에서는 닭 몇 마리가 호흡기질환 증세를 보이면 질병 예방 명목으로 농장에 있는 닭 전체에 바이트릴을 투여하는 경우가 많았다. 그런데 바이트릴을 남용으로 항생제 내성균이 늘어나게 되면 같은 계열의 항생제인 시프로플록사신에 대한 내성 또한 증가할 수 있다는 우려가 제기돼왔다. 시프로플록사신은 사람에게서 호흡기 감염, 귀·코·목구멍 감염, 패혈증 등 각종 감염에 대한 전문항생제로 사용되고 있으며, 유일한 탄저병 치료제로 인정받은 제품이다. 시프로플록사신 내성균의 증가는 '백색공포'로 불리는 탄저균을 이용한 생물학적 테러에 대항할 수 있는 유일한 치료제를 쓸모없게 만들 수 있다.

또한 미 식품의약청은 2012년 4월 5일부터 돼지·닭·칠면조에 사용하고 있는 세파로스포린 계열의 항생제를 병든 가축에게만 사용하기로 결정했다. 세파로스포린 계열의 항생제를 마구잡이로 사용할 경우 메티실린 내성 황색포도상구균 같은 내성균이 발생할 수 있다. 그동안 축산농가에서는 병든 가축이 한 마리만 있어도 모든 가축에게 항생제를 투여했다.

물론 미 식품의약청은 가축 항생제에 대해 유럽이나 한국에 비해 느슨한 규제를 시행하고 있다. 미국에서는 여전히 테트라사이크린이나 페니실린 같은 항생제를 아무런 규제를 받지 않고 가축의 사료에 섞어서 먹일 수 있다.

전문가와 로비를 동원한 동물약품업계의 반격은 총기사용 규제를 가로막고 있는 전미총기협회NRA나 폐암을 예방하기 위한 금연정책을 무력화시키려는 담배업계의 공격 못지않게 강력하다.

제약업계를 옹호하는 국내 수의학계의 한 교수는 "사료첨가 항생제 사용의 금지 여부는 과학적 근거에 의한 위해평가가 이뤄져야 하며 단순히 사전 예방차원의 정책 결정은 득보다 실이 크다"며 대중들을 현혹시키고 있다. 이러한 주장은 다국적 거대 제약회사의 지원을 받은 미국과 유럽의 전문가들의 주장을 되풀이한 것에 불과하다. 그는 수년 전부터 가축에 항생제를 사용하는 것이 인간의 건강에 위협이 되지 않는다는 외국 학자들의 논문을 번역하여 축산잡지에 실었다. 또한 다국적 제약기업에서 일하는 전문가들을 국내로 초청하여 학술행사를 개최했다. 제약기업에 고용된 이 전문가들은 "성장촉진용 항생제의 사용이 금지되었으나 실제적인 측면에서 축산식품에 의한 인간 내성균 전파 위험성은 높지 않다"고 주장했다. 또한 "사람에서의 내성 세균 문제 대부분은 사람의 항생제 사용에 의해 야기되었다"며 비난의 화살을 다른 곳으로 돌렸다. 그들은 "항생제에 대한 내성이 산업동물에서 일어날 수도 있고, 내성 세균이 동물성 식품에 오염되었을 수도 있으나, 대부분이 적절한 조리 과정에서 파괴된다"거나 "설사 내성 병원균이 사람에게 전파된다 할지라도 임상적으로 문제를 일으킬 가능성은 매우 적다"며 논점을 흐리기도 했다.

그러나 축산업계와 제약업계를 옹호하는 이러한 주장은 점점 설 자리를 잃고 있다. 2010년 3월 미국 보스턴대학 의과대학의 제임스 콜린스 박사팀은 "세균을 확실히 죽이지 못할 약한 단위로 항생제를 투여할 경우 여러 가지 항생제에 교차내성을 갖는 슈퍼 박테리아를 키우게 된다"는 연구결과를 과학전문지 『분자세포』에 발표했다.

인간과 가축의 항생제 내성균은 쌀·채소·과일 같은 작물에도 옮겨갈 수 있으며, 가축의 분변이나 시체 등을 통해서도 토양·하천·바다를 오염시킬 수 있다. 공장식 축산업이 슈퍼 박테리아의 유일한 원인은 아니지만, 엄청나게 많은 항생제를 사용하는 공장식 축산업 때문에 인간을 위협하는 슈퍼 박테리아가 나타날 가능성이 높아지는 것은 분명한 사실이다.

세계보건기구는 2011년 4월 7일 세계보건의 날 주제로 '항생제 내성'을 정했는데, "가축 질병을 치료하기 위해 무분별하게 사용하는 항생제가 육류 섭취를 통해 인체에 흡수됨으로써 약물 내성 문제를 더욱 심각하게 만들고 있다"고 강조했다.

건강한 사람의 목숨을 노리는 '침묵의 살인자' 슈퍼 박테리아를 줄이기 위해서는 병원에서 불필요한 항생제 처방을 줄여야 하고, 환자들이 병원 안에서 내성균에 감염되지 않도록 소독과 예방을 잘해야 한다. 그리고 인간의 항생제 사용을 줄이는 것에 그치지 않고 가축의 항생제 사용도 줄이도록 해야 한다. 가축을 위협하는 내성균은 인간 또한 위협할 수 있기 때문이다. 우리는 오염된 축산식품과 양식어류를 섭취하지 않도록 적절한 조치를 취해야 하며, 무엇보다도 공장식 축산업을 규제함으로써 인간과 가축의 건강을 지키고, 토지와 하천과 바다 등의 환경을 보전해야 한다.

가축이 행복해야

제4장

인간이 건강하다

가축이 행복해야 인간이 건강하다

11 농부가 변해야 가축이 행복하다

인간의 건강을 위해 가축의 복지가 필요하다

지금까지 우리가 먹는 고기가 어떻게 사육되고 있는지, 누가 공장식 축산업의 커튼 뒤에서 이윤을 거두어들이고 있는지, 그 결과 우리의 건강에 어떤 영향을 끼치고 있는지에 대해 알아보았다.

마블링이 환상적인 꽃등심엔 주로 풀을 뜯어 먹으며 되새김질을 하는 소에게 곡물사료를 먹여서 살을 찌웠다는 숨겨진 비밀이 있었다. 곡물사료의 원료는 유전자조작 씨앗으로 재배한 옥수수와 콩인데, 경작과정에서 엄청난 양의 농약·살충제·제초제를 뿌리고 있다. 더 빨리 더 많이 살을 찌우고 우유를 짜내기 위해서 소에게 동물성 사료를 먹였을 뿐만 아니라 항생제까지 섞어 먹이고 있다. 성장촉진용 호르몬을 주사하고, 좁은 우리 속에 밀어 넣고 꼼짝달싹 못하게 가두어 기르고 있다.

비좁고 불결한 축사에 돼지를 밀집 사육시키기 위해서 새끼돼지의 송곳니와 꼬리를 자르고 있다. 고기를 익힐 때 나는 냄새를 없앤다는 명분으로 마취제도 사용하지 않고 거세수술을 한다. 성장을 촉진하기 위해 락토파민을 사료에 섞어 먹이거나 사용이 금지된 클렌부테롤 같은 약물을 투여하기도 한다.

알을 낳는 산란계는 6~8단까지 쌓아올린 케이지에서 철망에 갇혀서 산다. 구이용 닭은 축사의 바닥이 보이지 않을 정도로 빽빽한 공간에서 빠른 속도로 성장한다. 그러다 보니 수명이 한 달 남짓에 불과한 구이용 닭 10마리 중 9마리는 다리를 절름거리며, 4마리 중 1마리는 뼈 관련 질환을 앓고 있다. 짧은 삶마저 제대로 살지 못하는 것이다. 공장식 양계장에서는 스트레스를 받은 닭들이 서로 쪼아서 공격하지 못하도록 부리를 잘라버린다. 산란율을 높이기 위해 계사의 불을 끄고 사료와 물을 주지 않고 굶겨서 강제로 털갈이를 시킨다. 더 빨리 살찌고 더 많은 달걀을 생산할 수 있는 품종만을 집중적으로 기르다 보니 전세계 닭의 75% 이상을 3대 육종회사가 공급할 정도로 종 다양성이 파괴되었다.

동물을 학대하고 괴롭히는 공장식 축산업으로 가장 이윤을 많이 남기는 사람은 가축을 직접 사육하는 농민들이 아니라 도축·가공·유통을 통해 부가가치를 눈덩이처럼 불려가는 타이슨푸드·카길·스위프트·스미스필드 푸드 등의 다국적 농식품 거대기업들이다. 그들은 농장에서부터 슈퍼마켓까지 수익이 나는 모든 부문을 소유하고 있다. 그들은 인건비를 줄이기 위해 기계장치와 자동화 시설의 도입을 늘리는 동시에 중남미나 아시아 출신의 값싼 이민 노동자들을 비정규직으로 고용하고 있다. 대규모 도축장에서 일하는 노동자들은 빠른 작업속도와 위험하고 비위생적인 작업환경에 일상적으로 노출되어 있다.

이러한 공장식 축산업 방식은 가축의 재앙으로만 끝나지 않는다. 공장식 축산업은 축산농민, 도축장 노동자, 소비자 모두의 건강과 안전에 심각한 위협이 되고 있다. 축산업에 종사하는 사람들과 그 가족들은 일반인에 비해 항생제·농약·살충제에 더 많이 노출되어 있으며, 항생제 내성균에 감염될 위험이 더 높다. 또한 조류독감이나 돼지독감에 전염되는 경우도 더 많다. 따라서 가축의 복지를 고려한 축산방식은 비단 가축을 위한 것만이 아니다. 가장 우선적으로는 축산농민과 농업 노동자의 건강을 위해서, 그리고 궁극적으로는 인간 모두를 위해서도 절실히 필요한 일이다.

햄버거를 먹고 O-104 대장균에 감염되어 용혈성요독증후군에 걸려 생사의 갈림길에 섰던 전남에 사는 스물아홉 살 여성이나 O-157 대장균에 감염되어 하반신이 마비된 스물두 살의 스테파니 스미스는 특별한 사람이 아니라 우리의 평범한 이웃들이다. 가축의 복지를 외면하는 축산방식을 고집한다면 매일매일 음식을 먹을 때마다 러시안 룰렛 게임을 해야 한다. 커튼 뒤에 숨어서 막대한 수익을 올리는 몇몇 거대기업을 위해 우리 모두가 식중독 위험을 감수해야 한다.

공장식 축산업이 가져다준 달콤한 유혹에 넘어가 고기를 과다하게 섭취하는 식습관은 신종플루보다 더 무서운 비만이라는 전염병을 가져왔다. 비만과 그로 인한 질병으로 많은 사람들이 소리 없이 목숨을 잃고 있다. 육류 위주의 식습관은 햄버거나 감자튀김 같은 패스트푸드와 콜라나 사이다 같은 탄산음료와 더불어 비만을 일으키는 3대 주범이다. 한국인 사망원인의 절반가량을 차지하는 당뇨, 심장병, 암은 비만 및 흡연과 밀접한 관련이 있다. 특히 우리나라 사람들은 유전적으로 당뇨병에 취약하기 때문에 육류 위주의 서구식 식습관은 건강에 가장 큰 악영향을 끼치고 있다고 볼 수 있나. 거대 식품회사들이 공장식 축산 방식으로 값싼 고기를 생산하면서 서구 사회에서 과도한 육류 소비를 조장하는 한 비만을 줄이기는 쉽지 않을 것이다.

이제 가축의 복지는 단순히 동물의 해방이나 동물의 권리를 위한 것이 아니라 인간의 건강과 안전을 위해서 현실적으로 절실히 필요한 것이 되었다.

가축복지 개념의 대두

세계적으로 경제위기가 닥치면서 사회양극화를 초래한 신자유주의에 대해 반성이 일어났고 복지가 시대의 화두로 등장했다. 신자

● 낙수효과(trickle-down effect)는 양동이에 물이 차면 바닥으로 서서히 흘러넘치듯이 부자들이 돈을 많이 벌게 되면 자연스럽게 가난한 사람에게도 돈이 돌아간다는 정치·경제 가설이다. 이 가설에 따라 신자유주의자들은 정부의 재정을 공공사업이나 복지 등을 통해 저소득층에 직접 분배하지 말고, 대기업이나 부유층의 경제활동을 활성화시키는 데 사용해야 한다고 주장하고 있다. 그러나 현재까지 이러한 경제정책이 실제 현실에서 빈곤층의 경제 상황을 개선시킨다는 점을 증명한 연구결과는 전혀 나온 바 없다. 오히려 대기업이나 부유층이 자신들의 기득권을 옹호하기 위한 소득세 및 법인세의 최고세율 인하 논리로 남용되고 있을 뿐이다.

유주의자들은 '낙수효과'●를 들먹이며 금리와 법인세를 인하하는 등 대기업에 유리한 경제정책을 옹호했다. 물이 위에서 아래로 흐르듯이, 대기업이 돈을 많이 벌면 노동자의 임금이 늘어나고 하청기업에 일감이 몰려 중소기업에 다니는 노동자들도 월급을 많이 받게 되는 식으로 국가 전체적으로 돈이 잘 돌아 살기 좋아진다는 것이었다.

그러나 위에서 넘쳐나던 물은 개울로 흘러내려 오기도 전에 모두 증발해버렸다. 비정규직이 넘쳐나면서 고용은 더 불안해졌고, 평생 부지런히 일해도 내 집 마련의 꿈은 점점 더 멀어져갔다. 오히려 전월세 값만 폭등했다. 사람들은 비로소 오늘날의 문제를 해결하기 위해서는 삶의 철학이나 경제정책을 뿌리부터 바꿔야 한다는 인식을 가졌고 복지를 고민하게 됐다.

축산분야에서도 광우병, 구제역, 조류독감, O-157 식중독 사태 등을 겪으면서 생산성을 높이고 이윤을 늘리는 데만 골몰하고 있는 공장식 축산업에 대한 전 사회적인 반성이 나타났다. 가장 먼저 광우병 대재앙 사태를 겪은 유럽연합이 움직였다.

유럽에서는 1824년 영국에서 동물학대방지협회SPCA가 결성된 이후 1990년대 말까지 동물 학대와 공장식 축산업에 대한 비판이 꾸준히 제기되어왔다. 1964년 영국의 루스 해리슨은 『동물기계』를 출판하여 동물들을 감각을 가진 생물로 인정하지 않고 기계로 취급하는 공장식 축산방식의 잔인성을 고발했다. 그녀는 닭을 배터리 케이지에 가두어 기르고, 송아지를 사육상자 속에 감금하여 사육하는 실태를 알렸다. 1975년엔 호주 출신의 철학자 피터 싱어의 『동물해방』과 미국의 철학자 톰 레이건의 『채식주의의 도덕적 기반』이 출판되었다. 피터 싱어는 공리주의적 관점에서 모든 동물은 평등하다면서 동물을 착취하는 것을 '종차별주의speciesism'● 라고 주장했다. 톰 레이건은 채식주의를 인간의 의무로 규정하면서 동물의 권리를 옹호했다. 이들의 연구와 활동은 정부와 맥도날드, 버거킹, KFC 같은 기업들이 동물복지 규제안을 마련하는 데 직·간접적인 영향을 끼쳤다.

● 종차별주의(speciesism)는 인간과 다른 종(생물)에 대해서 다른 가치나 다른 권리를 부여하는 것은 인간에게만 특권을 부여해 다른 생물을 소홀히 하는 차별에 해당한다는 주장이다. 성차별(sexism)이나 인종차별(racism)이라는 용어에서 착안한 '종차별주의'라는 용어는 1973년에 심리학자 리처드 라이더가 처음으로 만들었다. 1975년에 피터 싱어가 『동물해방』에서 이 개념이 널리 알려지게 되었다. 종차별주의를 반대하여 동물의 권리를 주장하는 사람들은 공장식 축산뿐만 아니라 동물 실험, 사냥, 서커스, 동물원 등을 폐지할 것을 요구하고 있으며, 사람들에게 채식주의자가 될 것을 호소하고 있다.

유럽연합은 소·돼지·산란계 등 가축의 종류에 따라 사육단계부터 수송, 도축에 이르기까지 각 단계별로 지켜야 할 동물복지 기준을 정하고 있다. 불필요한 고통이 없도록 동물을 다루어야 하며, 동물들이 불편하지 않게 움직일 수 있는 사육공간이 확보되어야 한다. 도축장에서도 가능한 고통·긴장·흥분 등을 피할 수 있도록 관리해야 하며, 반드시 혼절시킨 후 도살해야 한다. 혼절시키거나 도

독일 뮌헨 '헤르만스도르퍼 농장'을 가다

독일 글론의 생태순환농장 헤르만스도르퍼에서 돼지와 소, 닭들이 방목장에서 함께 풀을 뜯고 있다. 동물들은 서로에게 도움을 주며 건강하게 살아간다.
헤르만스도르퍼농장 제공

돼지·닭·소 어울려 풀 뜯고 에너지 자체조달 '생태순환'

독일 뮌헨의 한 유기축산농장. 공장식 축산방식에 한계를 절감한 이곳 농장주는 순환농법으로 만든 유기농 사료와 인도적 도축 환경을 대안으로 삼았다. 『한겨레』 2012년 7월 3일

살하기 전에 동물의 발을 묶거나 거꾸로 매달 수 없다. 동물복지 원칙은 가축을 수송할 때도 지켜져야 한다. 수송기간이 24시간이 넘게 걸릴 경우엔 수송과정에서 적절한 물과 먹이를 공급해야 하고, 적절한 휴식도 제공해야 한다.

이러한 원칙에 따라 유럽연합은 지난 2006년부터 가축의 성장을 촉진시킬 목적으로 사료에 항생제를 섞어 먹이는 것을 금지했으며, 2013년 1월 1일부터 임신중인 어미돼지를 스톨(돼지를 넣어 기르

는 작고 비좁은 틀)에 가둬서 사육하는 것을 금지하기로 했다. 영국, 스웨덴, 핀란드 같은 나라에서는 이미 국내법을 개정해 스톨사육을 금지했다. 이들 나라에서는 비육돈의 경우도 과밀사육을 억제하기 위해서 최소한의 사육공간을 법으로 정하고, 새끼돼지의 꼬리와 이빨을 자르는 행위를 규제하고 있다. 물론 법으로 금지되었다고 하더라도 실제로는 꼬리를 자르던 관행이 광범위하게 이루어지고 있다.

유럽연합은 2008년부터 생후 8주 이상 송아지를 펜(폐쇄식 우리)에서 사육하는 것을 금지하고 있으며, 2012년부터 산란계의 케이지 사육을 전면적으로 금지하고 있다. 산란계가 바닥 헤집기, 알 둥지 틀기, 횃대 오르기 등의 활동을 할 수 있는 자유를 보장해야 하며, 알을 빨리 낳게 하기 위해 강제적으로 털갈이를 시키는 것도 규제하고 있는 추세다. 육계는 농장에서 폐사율이 얼마나 되는지, 운반 과정은 어떠한지 등을 소비자가 알 수 있도록 표시함으로써 동물복지를 평가한다.

그동안 한국에서 동물복지는 일부 동물보호운동가, 동물권리운동가, 채식주의자, 환경운동가, 수의사 등에게만 알려진 아주 생소한 개념이었다. 심지어 친환경 인증을 받아 소비자가 신뢰하는 무항생제 계란을 생산하고 있다는 한 농장주는 2011년 여름 어느 언론과 인터뷰에서 "양계장 시설은 창문이 없으며, 직립 6단 케이지를 사용합니다. 보통 케이지 하나에 일곱 마리를 넣는데 저는 여섯 마리를 넣어 밀집 사육을 방지하고 있습니다"라고 자신의 '친환경' 축산에 대해 답변하고 있다. 하지만 이 농장주가 자랑하고 있는 농장시설은 바로 유럽연합에서 2012년부터 금지한 케이지 사육방식이다. 유럽연합에서는 이러한 사육방식 자체를 금지하고 있으며, 케이지를 6단으로 쌓는 것은 동물학대라는 비판을 받고 있다. 이것이 동물복지에 대한 한국 사회의 일반적인 인식 수준이라고 생각한다.

다행히 정부 주도로 2011년 8월 개정된 동물보호법은 한층 더 발전한 수준이다. 2012년 양계분야에서부터 동물복지 인증제도를 시행했으며, 곧 양돈과 한우 등으로 확대할 방침이다. 정부에서 마련한 산란계의 동물복지 규정에는 알을 더 많이 낳게 하기 위해 강제로 털갈이를 시키거나 이미 강제 털갈이를 시킨 닭을 구입해 사육하는 행위를 금지하고 있으며, 부리 자르기는 콧구멍 쪽으로 3분의 1이 넘지 않는 선에서 제한적으로 허용하고 있다. 산란계를 철장에 가두어 기르는 케이지 사육도 금지하고 있다.

일반 국민과 축산업계의 동물복지에 대한 인식보다도 정부가 한 발 앞서 나가게 된 것은 2009년 9월 16일 타결되어 2011년 7월 1일부터 발효된 한-EU FTA 때문이다. 유럽연합은 한국과 자유무역협정을 맺으면서 협정문에 동물복지에 관한 규정을 넣을 것을 요구하여 관철시켰다.

유럽연합은 지난 2000년부터 WTO 농업협상에서 동물복지에 관한 내용을 제안했는데, 사실 이를 국제무역에서 마케팅 목적으로 사용하려는 의도가 다분히 숨어 있었다. 국제수역사무국도 동물복지를 "건강하고, 안락하며, 좋은 영양 및 안전한 상황에서 본래의 습성을 표현할 수 있으며, 고통·두려움·괴롭힘 등의 나쁜 상태를 겪지 않는 것"이라고 규정하며 동물복지를 국가 간 축산물 무역의 이슈로 삼으려는 움직임을 보이고 있다.

동물복지에 대한 입장을 따져 들어가면 너무 복잡한 도덕적, 윤리적, 철학적 논쟁에 빠져들 수밖에 없다. 동물권리운동가들은 사냥, 식품, 상업, 애완, 동물원 등의 분야에서 동물을 사용하는 모든 관행을 비윤리적이라고 비판하며 극단적인 방법으로 동물해방을 주장하고 있으므로 축산업 그 자체를 인정하지 않는다. 채식주의자들이야 고기를 먹는 것 자체를 부정하므로 동물복지에 대한 관심은 채식주의를 확산시키기 위한 일종의 위장술이라는 의심을 받고 있다. 축산업계는 가축을 애완동물로 기르는 것이 아니기 때문에 수익성을 가장 먼저 고려하는데, 동물복지 인증을 통해 차별화된 높은 가격을 받을 것을 기대하고 있다. 어쨌든 유럽의 동물복지제도는 유럽연합의 정부, 축산업계, 소비자, 환경운동가, 채식주의자, 동물보호운동가, 동물권리운동가 등이 동상이몽 속에서 서로 정치적으로 타협한 결과로 나온 것이다.

우리나라에서도 한우, 젖소, 양돈, 양계 등 산업별 동물복지 기준을 결정하는 데 서로 다른 이해관계자들 사이에 첨예한 입장 차이가 드러나고 있다. 축산업계에서는 동물복지축산을 하려면 양돈의 경우 기존 농장에 비해 토지 면적이 1.4배, 산란계의 경우는 3.9배가 더 넓어야 하기 때문에 경제적 어려움을 호소한다. 더 많은 시설비와 운영비가 필요해 생산비가 상승하는데, 이에 대한 대책을 요구하고 있다.

정부는 보조금이나 인센티브제를 도입하고, 자동화나 기계화를 통해 노동력과 원가를 절감하며, 브랜드화를 통해 고품질 시장을 개척할 것을 권장하고 있다. 정부는 동물복지 인증제가 "잘 하는 선도 농가를 육성하기 위한 것"이라는 입장이다. 경제에서 대기업 위주 정책을 펴는 것과 마찬가지로 축산에서도 선도 농가를 육성하여 동물복지 수준을 높이는 '낙수효과'를 만들겠다는 것이다.

농업 패러다임이 바뀌어야 가축복지가 가능하다

정부의 축산정책은 경제정책과 마찬가지로 기본적으로 신자유주의에서 벗어나지 못하고 있다. 신자유주의 경제정책이 양극화를 심화시키고 일자리 늘리기에 실패하여 경제를 망가뜨린 것처럼 그러한 기조 속에서 수립된 축산정책도 실패를 예고하고 있다. 정부가 동물복지에 대한 기본적인 패러다임을 바꾸지 않는 한 농민, 가축, 소비자들의 행복과 건강은 광고나 선거철 정치구호처럼 이루어지지 않는 신기루에 불과할 것이다.

정부는 2005년부터 친환경 축산물 인증제도를 실시하고 있는데, 2011년까지 6717개의 축산농가가 인증을 받았다. 100곳의 농가

친환경 축산물 인증 현황

축종	유기축산물	무항생제 축산물	계
한우	35	4,600	4,635
젖소	35	174	209
육우	1	59	60
돼지	5	252	257
산양	1	33	34
육계	5	421	426
산란계	14	740	754
오리	1	290	291
메추리	0	42	42
사슴	0	9	9
계	97	6,620	6,717

중 3곳이 친환경 축산을 하고 있다는 인증을 받은 셈이다. 특히 닭과 오리를 키우는 농가의 경우 3군데 중 한 곳은 친환경 인증을 받았다. 전체 3403개의 양계농가 중에서 1180농가, 전체 981개의 오리농가 중에서 291농가에서 친환경 인증을 받았다. 통계만 놓고 본다면 국내의 닭과 오리들은 그야말로 친환경적으로 사육되고 있는 것처럼 보인다.

그러나 실제 현실은 다르다. 엄밀한 의미에서 무항생제 축산물은 환경 친화적이라고 보기 힘들며, 유럽이나 일본의 친환경 인증제도에는 무항생제 축산물 자체가 없다. 무항생제 축산물 인증을 받으려면 사료에 항생제를 섞어서 먹이지 않을 뿐만 아니라, 성장촉진제나 호르몬제 등을 사용하지 않아야 한다.

하지만 무항생제 인증을 받은 농장의 사육방식은 공장식 축산 방식과 거의 차이가 없다. 풀을 뜯어 먹고 사는 초식 가축에게 목초지를 제공할 의무도 없으며, 가축들을 노천구역에서 자유롭게 돌아다닐 수 있도록 해줄 필요도 없다. 화학비료나 농약을 사용해도 되고, 유전자조작 사료를 먹여도 아무런 문제가 되지 않는다. 심지어 케이지나 스톨에 사육하는 것을 규제받지도 않는다. 이런 이유 때문에 정부의 친환경 인증제도는 소비자들로부터 불신을 받고 있다.

정부의 친환경 축산물 인증제도에 대한 불신은 방송을 통해 무항생제 인증을 받은 일부 양계농장에서 닭을 비위생적인 환경 속에서 키우고 있는 실태가 알려지면서 더욱 증폭되었다. 교육방송의 환경프로그램 〈하나뿐인 지구〉는 지난 2010년 11월 25일 '친환경 축산물에 대한 불편한 진실' 편을 방영했다. 친환경 축산물 인증을 받은 어느 양계장은 비위생적인 축사에서 닭을 사육하고 있었으며, 농장 안 창고에서는 여러 종류의 항생제와 농약 성분의 일종인 싸이로마진이 함유된 동물용 의약품이 발견됐다. 무항생제 배합사료를 구입해 가축에게 먹이고 있다고 하더라도 농가에서 임의대로 항생제를 투여할 수 있는 인증제도의 허점이 노출된 것이다. 무항생제 축산 인증을 받은 농장의 가축들이 먹는 사료 메뉴판에서 항생제 비빔밥이 사라진 줄 알고 있었던 소비자들은 충격을 받았다.

지난 2011년 7월 1일부터는 가축의 배합사료에 항생제를 첨가하는 행위가 전면적으로 금지되었다. 이제 무항생제 축산은 친환경 인증의 문제가 아니라 법 준수의 문제로 바뀌었다. 질병을 예방하거나 성장을 촉진시킬 목적으로 사료에 항생제를 섞는 것은 불법행위이기 때문에 앞으로는 친환경 축산물 인증에서 무항생제를 아예 빼버리고 유기농 인증으로 바꾸는 것이 바람직하다고 생각한다.

항생제를 쓰지 않고 가축을 기르는 것은 유기축산, 자연순환 축산, 동물복지축산을 하기 위한 기본 전제조건이다. 항생제는 영양제나 만병통치약이 아니다. 세균이 일으키는 염증성 질병에 사용하는 치료약이다. 가축이 세균성 폐렴, 세균성 장염 등의 질병에 걸려서 아플 때만 수의사의 진단과 처방을 받아서 항생제를 투여해야 한다. 가축과 인간의 건강을 위해서는 항생제를 영양제 사용하듯 마구 사용하지 말아야 한다. 동물약품 회사가 사료회사에 항생제를 판매하는 것을 금지해야 하고, 농가가 임의대로 동물약품 도매상이나 소매상에서 항생제를 구입하는 일을 규제해야 한다. 수의사가 항생제 처방을 남발하는 것을 규제할 제도적 장치도 마련해야 한다. 이미 수의사 처방제가 실시되고 있는 나라에서도 일부 수의사들은 뒷돈을 받고 처방전을 팔아먹기도 한다.

물론 오랫동안 항생제를 사료에 섞어 먹이며 가축을 기르던 관행을 하루아침에 없애는 것은 쉽지 않은 일이다. 유럽에서도 1969년 「스완 보고서」가 나온 이후 30년이 다 되어서야 축산 분야에서 항생제를 규제하기 시작했다. 1997년 아보파신 항생제를 사료에 섞여 먹이는 것을 금지한 이후 2006년 가축 사료에 항생제 첨가를 전면적으로 금지하기까지 10년이 걸렸다.

우리나라는 지난 2005년부터 축산 분야의 항생제 사용을 규제하기 시작하여 6년 만에 전격적으로 전면 금지를 시켰다. 2011년 하반기부터 시행된 이 조치가 일선 농가에서 제대로 작동할지는 앞으로 좀더 지켜보아야 한다. 왜냐하면 배합사료에 항생제를 섞어 먹이는 것은 불법이지만 치료용으로 투여하는 것은 아직 합법이기 때문이다. 2011년 말 약사법과 수의사법이 개정되어 수의사 처방제도가 의무화됐다. 개정 내용에 따르면 항생제를 비롯한 생물학적 제재, 마약류 등 사용을 하는 데 주의가 필요한 동물용 의약품은 반드시 수의사가 진료한 뒤에 처방을 받아서 투약해야 한다. 그러나 이 법안은 공포 후 1년 6개월 이후에나 시행될 예정이다. 따라서 최근 몇 년 동안 배합사료용 항생제 사용량이 줄어든 것과 비례하여 자가치료용 항생제 사용량이 급증한 사실로 미루어볼 때 당분간은 항생제 사용 관행이 지속될 가능성이 아주 높다.

축산농가가 항생제를 사용하지 않고 가축을 사육하기 위해서는 정부, 농민, 소비자의 지원과 노력이 필요하다. 축산농민들을 일방적으로 매도하거나 비난하면서 모든 책임을 씌우는 방식으로 나가서는 안 된다. 축산농민이 항생제 사용 관행을 바꾸기 위해서는 여러 가지 넘어야 할 산들이 많다.

항생제를 사용하지 않으려면 우선 농장 설비와 시설을 바꾸어야 한다. 비위생적인 환경에서는 세균 감염 예방이라는 명목으로 항생제를 과다사용할 수밖에 없다. 설비 개선은 상당한 자금이 들어가는 일이므로 정부의 재정지원이 필요하다. 사육환경을 바꾸는 것도 전문적인 기술지원이 필요하다. 사료회사에서도 좋은 품질의 사료를 공급하고, 낡고 비위생적인 도축장의 경우 시설을 현대화해야 한다. 회장염 등의 사소한 질병으로 생산성이 예전보다 더 떨어지게 되어 농가의 소득이 줄어드는 문제에 대한 대안도 제시해야 한다. 값싼 축산물에 길들여져 있는 소비자들도 환경, 건강, 동물복지를 고려한 축산물에 지갑을 더 열 준비가 되어 있어야 한다.

경종농업과 축산업을 유기적으로 순환시키자

우리나라 사람들은 전통적으로 곡물과 채소 위주의 식사를 했기 때문에 대규모로 가축을 기르는 경우가 드물었다. 축산업을 전업으로 하는 경우는 거의 없었고, 대부분 부업으로 소·돼지·닭·오리 같은 가축을 조금씩 길렀다. 땅을 갈고 씨를 뿌려서 작물을 재배하는 경종농업과 가축을 기르는 축산업은 서로 유기적으로 순환했다. 농가에서는 여러 종류의 가축을 기르면서 다양한 작물을 섞어서 재배했다. 가축에서 나온 분뇨로 거름을 만들어 작물에 주었고, 다양한 작물은 가축의 먹이로 활용되었다. 그런데 농업이 산업화되고 상업화되면서 이러한 유기적 순환구조가 끊어졌다. 경종농업은 환금

국내의 한 유기축산농장. 가축 분뇨가 폐기물로 취급되는 현재의 공장식 축산 방식으로는 유가 비료 및 유기 사료의 생산과 순환이 불가능하다.

성이 높은 단일작물을 주로 재배하고, 축산업은 규모가 커져서 농장이 공장처럼 바뀌었다.

정부도 전업농 육성정책 등을 통해 유기적 순환구조가 끊어지도록 부추겼다. 정부의 전업농 육성정책은 농촌의 양극화를 더욱 심화시켰다. 농식품부가 발표한 2011년 부농 실태조사에 따르면, 연간 1억 원 이상의 소득을 올리는 부농은 전체 농가의 1.4%에 해당하는 1만6000가구였다. 그중에서 축산이 7844농가로 부농의 46%를 차지했으며, 과수 2817농가(16.8%), 채소 2087농가(12.4%), 벼 1663농가(9.9%) 순이었다. 아마 축산분야의 부농은 대규모로 가축을 기르는 농가가 대부분일 것이다.

단일작물을 재배하기 위해서는 엄청난 화학비료와 농약을 뿌려야 하며, 대규모 공장식 축산농장에서는 처리하기 힘들 정도의 가축 분뇨가 발생할 수밖에 없다. 공장식 축산업에서는 가축 분뇨를 경제활동 과정에 나오는 폐기물로 인식하여, 각종 분뇨처리 기술을 활용해 폐기물을 처리하면 되는 것으로 여겼다.

이렇게 경종농업과 축산이 서로 단절되다 보니 여간해서는 자연의 순리대로 농사를 짓고 가축을 기르기 어렵게 되었다. 경종농가는 스스로 유기농 비료를 생산할 수 없게 되었고, 축산농가도 자체적으로 유기농 사료를 만들 수 없게 되었다. 유기농을 하는 대부분의 농가는 비싼 돈을 들여서 유기농 비료와 유기농 사료를 외부에서 구입해서 사용해야 한다. 사정이 이렇다 보니 현재의 농업 형태에서 유기농업으로 전환하는 것이 구조적으로 어렵다.

유기농은 화학비료나 살충제 · 성장촉진제 · 항생제 · 사료 첨가제 등을 사용하지 않고, 유전자 조작을 하지 않음으로써 사회 및 경제적으로 건전한 식품생산을 증진시키는 농업 생산 시스템이다. 이런 시스템이 좋다는 것은 누구나 다 인정한다.

그런데 우리나라의 현실에서 유기농과 유기축산을 하는 것은 쉬운 일이 아니다. 국내에서 유기축산을 하기 어려운 가장 큰 이유 중 하나가 유기농으로 농사를 지어 수확한 유기사료를 구하기가 어렵다는 것이다. 우리나라는 사료 자급률이 아주 낮기 때문에 유기농 사료뿐만 아니라 일반 사료도 거의 대부분 외국에서 수입한다. 사료 가격은 국제 유가와 곡물가격에 따라 변동이 심한데, 유기농 사료는 일반 사료보다 훨씬 가격이 비싸다. 2012년 2월 제주도에서는 유기농 배합사료를 제대로 공급받지 못해 소가 굶어죽는 일도 벌어졌다. 소값이 폭락하고 사료 값이 오르자 경영난에 처한 유기농 영농조합이 소에게 유기농 배합사료 대신 건초 위주로 공급했는데, 그만 소들이 영양실조에 걸려서 아사하게 된 것이다.

농가들은 몇 년 전부터 이러한 문제를 해결하기 위해 지역별로 영농조합을 결성하여 섬유질 배합사료 공장을 건설하는 것으로 대응하고 있다. 섬유질 배합사료는 총체보리와 볏집, 그리고 옥수수, 쌀겨, 깻묵, 콩비지 등을 섞어서 만든다. 총체사료는 작물의 알맹이, 줄기, 이삭을 모두 사료로 사용하는 것을 말한다. 총체보리사료는 보리가 여물기 전 줄기와 보리 이삭을 보리 알맹이와 함께 수확해 발효시킨 것이다.

공동으로 만든 사료를 영농조합 소속 축산 농가들이 가져가서 먹이고, 소를 키우며 나오는 소똥을 발효시켜 퇴비를 만든다. 이것을 유기농업을 하는 농가에 보내 거름으로 사용하여 벼나 총체보리 같은 작물을 재배한다. 이렇게 하면 농가 단위에서 자체적으로 유기순환을 하지 못하더라도 지역 단위로 어느 정도 유기순환을 할 수도 있다.

그러나 보리를 인간의 식량을 획득하기 위한 목적이 아니라 가축의 배합사료를 저렴하게 얻기 위한 목적으로 대량 재배하는 것이 바람직하지 않다는 비판도 제기되고 있다. 사료의 원료로 옥수수 대신 보리를 선택한 것일 뿐이며, 유기순환이 아니라 사료 원가를 낮추기 위해서 소를 중심으로 하는 순환에 불과하다는 것이다.

국내 식품산업의 현실을 보면, 이러한 유기농 농산물이나 축산물마저도 찾아보기 힘든 실정이다. 국내 유기농 식품 시장은 유기농산물보다 유기 가공식품의 비중이 더 높다. 유기 가공식품 중에서 국산 원료의 비중은 13.7%에 불과하고, 수입 원료가 86.3%를 차지하고 있다.

유기농 시장이 급성장하다 보니 수입 식품의 비중이 늘어나는 것은 우리뿐만 아니라 일본도 마찬가지다. 일본은 지난 2007년 자국 내에서 인증을 받은 유기농산물이 5만3000톤이었으며, 해외에서 인증을 받은 물량이 190만2000톤에 이르렀다. 국내 인증은 고작해야 2.7%에 불과하고 해외 인증이 97.3%나 된다. 일본 국민들의 폭발적인 수요를 따라잡지 못해 유기농 원료의 거의 대부분을 외국에서 수입해온 것이다. 이것은 명품 가방이나 고가 외제 자동차를 수입하는 것과 큰 차이가 없는 명품수입이라는 비판을 받고 있다.

유기축산물은 유기농산물보다 비중이 훨씬 미미하다. 2009년 친환경 축산물 생산량은 30만9000 톤으로 전체 축산물 생산량의 7.3%를 차지했으나, 그중에서 유기 축산물은 1만2000톤으로 전체 축산물 생산량의 0.28%에 불과했다. 이러한 통계는 그만큼 유기축산이 현실적으로 어렵다는 사실을 실증적으로 보여주고 있다.

사정이 이러한 데도 농식품부는 2010년 12월에 발표한 제3차 친환경농업 육성 5개년 계획에서 "일본의 해외인증 급증과 유럽 선진국, 미국의 유기농산물 공급 부족은 국내산 유기농식품을 수출할 수 있는 좋은 기회를 제공하고 있다"며 수출 드라이브 정책을 추진하고 있다. 그런 허황된 인식이 있기에 농식품부 장관이 한미 자유무역협정을 "우리 농·어업이 경쟁력 있고 지속 가능한 수출산업으로 성장할 수 있는 기회로 삼아야 한다"며 생뚱맞은 강연을 하고 다니는지 모르겠다.

경종농업과 축산업을 유기적으로 순환시키기 위해서는 농업에 대한 정부의 제대로 된 시각과 정책이 밑바탕에 깔려 있어야 한다. 산업 경쟁력이나 수출 경쟁력으로 농업을 바라보는 시각으로는 지속가능한 농업은 불가능하다. 대부분의 농민을 포기하고 소수의 전업농만으로 농업과 농촌을 유지할 방법은 없다. 정부가 대규모 기업농과 상업적 유기농 중심에서 벗어나 중소규모의 가족농 중심으로 시각을 바꾸지 않는 한 농부와 가축이 행복해지는 일은 요원할 것 같다.

대기업의 먹잇감이 되어버린 유기농 상업화를 막아야 한다

친환경적이고 안전한 먹을거리를 찾는 소비자들의 웰빙 열풍으로 '그린 시크'라 불리는 고급 자연주의가 유행하는 현상이 나타났다. 고급 자연주의 유행은 마케팅 전략의 승리라고 할 수 있다. 담배, 의약품, 화장품과 함께 광고시장의 큰 손이라 할 수 있는 식품업계는 전체 광고 시장의 16%를 차지하고 있다. 유기농 생산물의 희소성은 식품업계의 홍보와 결합돼 유기농 식품의 명품화를 더욱 부추겼다.

1993년 유럽연합과 1997년 미국에서 유기농법 기준안을 채택하자 거대 기업들은 경쟁적으로 유기농 상업화에 앞장섰다. 코카콜라, 켈로그, 펩시, 유니레버 등은 재빨리 유기농 기업을 인수했다. 카길도 유기농 시장에 뛰어들어 유기농 사료를 비롯하여 유기농 초콜릿, 유기농 쥬스 등을 판매하고 있다. 심지어 저가식품을 판매하는 월마트마저도 유기농 사업에 뛰어든 실정이다.

우리나라에서도 CJ제일제당, 대상 홀딩스, 풀무원 등의 대기업이 유기농 시장을 주도하고 있다. 대상 홀딩스는 2008년 말 유기농전문 식품기업인 초록마을을 인수하여 계열사로 편입시킨 바 있다. 유기농 제품은 신세계 · 롯데 · 현대 등 재벌기업이 운영하는 대형 백화점에서도 명품으로 팔리고 있다. 저가 물량공세로 골목 상권을 고사시키고 있는 이마트, 롯데마트 등의 대형마트에서도 매장 안에 따로 자리를 마련해 유기농 제품을 판매하고 있다.

상업적 유기농은 토양에 질소를 고정시키는 작물을 번갈아 심는 간작을 하지 않고 돈으로 바꿀 수 있는 환금작물을 위주로 단일 경작을 한다. 하이테크 기술과 장비를 갖춘 대규모 기업형 식물공장에서 고부가가치를 창출하는 유기농 작물을 재배한다. 식물공장은 식물을 인위적으로 성장시키기 위한 조명 설비, 공기와 온도를 조절하기 위한 공조 설비 등의 시설을 갖추고 있으며 다량의 에너지를 필요로 한다. 비료도 유기축산을 통해 자체적으로 생산하는 것이 아니라 외부에서 구입해온다. 작물의 재배 면적이나 가축의 사육규모도 제한이 없어 공장식 축산업과 마찬가지로 대규모로 운영되는 경우가 많다.

대규모 농장에서 생산되는 유기농 작물과 축산물은 수출을 위해 배나 비행기로 원거리 수송을 해야 한다. 기업화된 유기농 농장에서는 저비용 방식을 선호하기 때문에 농업 노동자들의 처우나 인권을 둘러싼 문제가 발생하기도 한다. 이에 따라 기업화된 상업적 유기농은 지속가능한 농업방식이 아니라는 비판이 거세게 일어나고 있다. 토지, 하천, 바다, 공기의 오염을 막아 환경을 보호하고 지속가능한 농업을 고민했던 농민들과 종교적 열정이나 삶의 철학으로 느리고 가난한 삶을 선택했던 귀농인들이 의도했던 바와 정반대 방향으로 유기농업이 변질된 것이다.

사실 유기농이 인구증가, 정치 및 군사적 분쟁, 화석 연료와 물 공급, 토양의 질적 하락, 기후 변화, 경제적 불평등, 농업과 농촌 해체 등 다양한 문제들이 복잡하게 얽혀 있는 식량 문제를 모두 해결하진 못한다. 식량 문제는 특정한 기술이나 농업방식으로 한방에 해결할 수 있는 단순한 사안이 아니다.

유기농법 자체만 하더라도 해결해야 할 문제들이 쌓여 있다. 한때 각광을 받았던 오리를 이용한 유기농 쌀 재배 방식도 지금은 조류독감의 진원지로 의심받고 있다. 전염병 학자들은 오리농법이 발달한 중국 강남지방·베트남·태국 등에서 인플루엔자 바이러스가 오리에서 돼지로, 그리고 사람에게로 이동하여 조류독감을 옮긴 것으로 추정하고 있다.

오리 대신 왕우렁이를 이용한 유기농업 방식이 권장되고 있으나 이 또한 왕우렁이가 베스나 황소개구리처럼 생태계를 교란시켜 문제가 되고 있다. 일본이나 대만에서는 남미의 아마존 지역 내생의 왕우렁이를 생태교란종으로 지정하여 양식을 금지했다. 우리나라에서는 정부에서 앞장서 이 농법을 권장하다 보니 어정쩡하게 2등급 유해 야생동식물로 지정했다. 환경부는 생태교란종으로 지정하려고 하고, 농식품부는 지정을 반대하고 있는 형편이다.

유기축산에서 항생제 대용으로 널리 사용하고 있는 유용 미생물EM● 도 결코 만병통치약이 아니다. 이것이 만병통치약이라면 노벨 의학상을 열 번 받고도 남을 일이다. 처음에 개발되었을 당시 '마법의 탄환'이라 불리

● 유용 미생물은 1982년 일본 오키나와에 있는 류쿠대 농학부 히가 테루오(比嘉照夫) 교수가 유기농업용 토양개량제로 개발했는데, 현재까지도 사이비 과학이나 유사과학 논란이 끊이지 않고 있다. 1996년 일본 토양비료학회의 공개 심포지엄에서는 "유용 미생물 제품이 다른 제품에 비해 효과가 낮다고 보고되는 등 효과를 의문시하는 사람이 많다"는 비판적 의견이 제시되었으며, 태국의 연구기관은 "유용 미생물 제품에서 광합성 세균 및 방선균의 존재가 확인되지 않았다"는 시험결과를 발표한 적도 있다. 2008년 3월 일본의 후쿠시마현에서는 유용 미생물 제품에 대해 "고농도의 유기물이 포함된 유용 미생물 제품을 하천이나 호수와 늪에 투입할 경우 오탁의 원인이 된다"는 공식 견해를 발표하기도 했다.

었던 페니실린도 일종의 유용 미생물이라 할 수 있는데, 나중에 항생제 내성균이라는 예상하지 못한 부작용이 나타났다.

현재 유용 미생물은 과학적 논란이 해결되기도 전에 먼저 상업화됐으며, 보급회사가 일부 지자체와 농업기술센터를 통해서 악취제거, 수질 정화, 식품의 산화방지, 음식물 찌꺼기 발효 등에 사용하고 있다. 유용 미생물이 환경에 장기간 노출되었을 경우 어떤 영향을 끼치는지 확실히 밝혀진 것이 없기 때문에 예기치 않은 악영향이 나올지 모른다는 우려가 있다. 대체의학에서 항암효과가 있다거나 구제역 대재앙 이후 국내의 일부 지자체에서 내세우는 구제역을 예방할 수 있다는 과장된 주장에 대해서는 과학적 사기라는 논란이 끊이지 않고 있다.

대기업이 주도하는 상업적 유기농은 공장식 축산업과 마찬가지로 수출입이 활발하게 이루어지기 때문에 대규모 식중독 사고를 유발할 가능성도 있다. 유기농산물과 유기축산물이 환경과 건강에 이로운 것이 사실이지만 그렇다고 100% 안전한 것은 아니다. 유기농식품을 통해서도 장출혈성대장균이나 살모넬라균 식중독 사건이 일어나 사망한 사례도 있다. 새싹채소, 유기농 토마토, 유기농 분유 등에서 식중독 세균이 검출되기도 했다.

미국 아이오와 공중보건대학의 타라 스미스 박사가 이끄는 연구팀이 2012년 1월 29일자 미국 공공 과학도서관 온라인 학술지에 발표한 연구결과를 보자. 연구팀은 미네소타, 아이오와, 뉴저지 등 3

개 주에 있는 36개의 식품소매점에서 돼지고기 395팩을 구입했다. 미네소타와 아이오와는 공장식 축산업이 발달했으며, 뉴저지는 인구밀도가 높다. 연구팀은 일반 돼지고기 300팩과 무항생제 돼지고기 95팩을 가져다가 세균 배양 실험과 항생제 감수성 검사를 실시했는데, 예상을 뒤엎는 결과가 나타났다. 일반 돼지고기 300팩 중 67.3%에 해당하는 202팩, 무항생제 돼지고기 95팩 중 56.8%에 해당하는 54팩에서 황색포도상구균이 검출되었다. 395팩 가운데 26팩에서는 메티실린 내성 황색포도상구균MRSA이 분리되었다. 그중 일반 돼지고기가 19팩(6.33%)이었고, 무항생제 돼지고기가 7팩(7.37%)이었다. 놀랍게도 무항생제 돼지고기에서 강력한 항생제 내성균 비율이 더 높게 나왔다.

연구팀은 이번 연구를 하기 전에 일반 농장과 무항생제 농장을 대상으로 검사를 실시한 바 있는데, 당시에는 일반 농장에서만 메티실린 내성 황색포도상구균이 검출됐다. 그런데 농장을 떠난 돼지고기가 시중에 유통되면서 일반 돼지고기와 무항생제 돼지고기가 내성균 오염 정도가 비슷한 수준으로 변했다. 왜 이런 일이 벌어졌을까? 우선, 농장이 서로 가까이 위치할 경우엔 항생제 내성균이 일반 농장에서 무항생제 농장으로 옮겨갈 수 있으며, 농장에서 일하는 노동자들을 매개로도 내성균이 전염될 수 있다. 다음으로 도축장이나 육류 가공장에서 오염이 발생했을 가능성도 있다. 대규모 도축장의 위생 실태를 고려한다면 두번째 가능성이 더 높을 것으로 추정된다.

우리나라의 도축장 수준이 결코 미국보다 더 낫다고 할 수 없다. 실제로 국내에는 유기농 또는 무항생제 전용 도축장이 단 한 곳도 없기 때문에 무항생제나 유기농 축산물이라고 하더라도 농장을 떠나면 일반 축산물과 비슷한 수준이 된다고 봐야 한다. 일반 축산물과 유기농 축산물을 한 곳의 도축장에서 같이 처리하면 도축설비나 도구, 그리고 도축노동자에 의해 미생물 오염이 일어날 수밖에 없다. 이러한 위험을 줄이기 위해서는 유기농 전용 도축장을 만들어야 한다. 과도기적 단계로 도축장에 유기농 전용 도축라인을 설치하는 방안이 있는데, 그 방식도 여전히 작업장 내에서 오염이 일어날 위험이 존재한다.

우리 실정에 맞는 자연순환농업 모델을 만들자

대기업의 먹잇감이 되어버린 유기농 상업화를 막기 위해서는 유기농업과 자연농업을 우리나라의 상황에 맞게 창조적으로 적용할 새로운 모델을 만들 필요가 있다고 생각한다. 유기농업과 한 뿌리에서 갈라져 나온 자연농업은 산업화나 상품화를 지향하지 않고 자급자족의 소박한 삶을 지향한다.

자연농업은 상업적 유기농처럼 단일작물을 재배하는 것이 아니라 여러 작물을 섞어서 재배한다. 잡초를 제거하지 않고 활용하며, 기계를 이용하여 땅을 갈지도 않는다. 다른 지역이나 외국에서 배양

된 효소나 미생물을 사용하지 않으며, 싹이 나올 때 밑거름을 주지도 않는다. 축사에 가축분뇨 처리시설을 갖추는 것이 아니라 흙·톱밥·황토·토착미생물 등을 이용하여 배설물을 처리한다. 화석연료나 전기를 이용하여 축사를 인공적으로 보온을 하지도 않으며, 상업용 시판 사료를 투여하지도 않는다. 자연농은 태양에너지를 중심으로 돌아간다. 상업적 유기농은 세계시장으로 생산물을 수출하지만, 자연농은 지역시장에서 생산물을 소화한다.

자연농업의 이상적인 측면과 유기농업의 현실적인 측면을 생협이나 로컬푸드 시스템 등과 적절하게 결합시키는 자연순환농업 모델을 만들기 위해서는 정부·농민·소비자·시민단체가 머리를 맞내고 농업에 대한 기본 인식을 공유하는 것이 가장 중요하다.

유럽연합은 유기농을 일종의 공공재로 인식하고 유기농으로 전환하거나 지속적으로 유기농을 하는 농가와 5년 계약을 맺고 보조금을 지원하고 있다. 정부와 사회가 환경을 보호하기 위해 화학비료·농약·항생제 등의 많이 사용하는 관행농법을 탈피해야 한다는 공감대가 형성되었다고 하더라도 농민이 이를 실천하지 않으면 아무 소용이 없다. 농민들은 생활인이기 때문에 유기농으로 전환하면서 삶의 질이 떨어지는 것을 받아들일 수 없고, 그들이 그러길 기대해서도 안 된다. 유럽의 정부와 시민사회는 보조금을 지급해 농민들이 농법을 바꿀 수 있는 동기를 부여해야 한다는 공감대를 형성했다.

물론 우리나라도 친환경 안전 축산물 직접지불제를 통해 유럽과 비슷한 보조금 정책을 실시하고 있다. 유기축산의 경우 2010년 기준으로 한우는 1마리에 17만 원, 젖소는 우유 1리터에 50원, 돼지는 1마리에 1만6000원, 산란계는 계란 1개에 10원, 육계는 1마리에 200원을 지급했다. 친환경 축산을 하는 농가는 최대 2000만 원까지 친환경 안전 축산물 직접 지불금을 받을 수 있다.

그러나 일반 축산농가가 곧바로 유기축산으로 전환할 수 있는 것은 아니다. 몇 년을 고생하고 노력을 해야 한다. 그 사이에 농민들이 생계를 유지할 수 있는 대안을 마련해줘야 한다. 현재와 같은 전업농 위주의 지원 정책이 계속된다면 자본력이 풍부한 일부 대규모 축산 농가들만 경쟁력을 갖추고 살아남고, 대기업이 주도하는 유기농 상업화가 더욱 가속화될 가능성이 높다.

농부와 가축이 모두 행복한 축산업

땅을 소중히 여기고 가축을 사랑하는 농부들은 산업농업과 공장식 축산업의 폐해를 어느 누구보다도 더 잘 알고 있다. 그들은 화학비료, 농약, 유전자조작 씨앗, 항생제, 성장호르몬 등의 부작용을 축산농장과 논밭에서 몸으로 직접 체험했다. 농사를 지으면서 화학물질을 많이 사용하다 보니 농부 자신이나 가족들이 암을 비롯한 각종 질병에 걸렸다. 농경지의 토질이 저하되고, 강이나 바다가 망

가졌다. 아무리 농사를 지어도 화학비료, 농약, 특허 종자, 농기계값을 제하고 나면 남는 것이 없다. 땅을 갈고 씨를 뿌려서 식물을 재배하는 경종농업과 축산업이 분리되어 있다 보니 수입 사료가 없이는 가축을 기를 수 없다. 지나친 밀집사육으로 거름으로 만들 수 있는 양보다 더 많은 가축의 똥과 오줌이 배출된다. 몰래 하천에 축산분뇨를 방류하는 경우도 있고, 비용을 들여 바다에 가져다 버리기도 한다. 하루가 다르게 치솟는 기름값과 수입사료값에 축산업과 하우스 작물재배도 수지타산을 맞추기가 어렵다. 많은 농민들이 농업을 포기하고 농촌을 떠나 도시로 이주하자 농촌 지역사회가 유지되기 힘든 지경에 이르렀다.

100년 전만 하더라도 세계 대부분의 국가나 지역은 자급자족으로 겨우 먹고 살아가던 농경사회였다. 당시 미국 국민 10명 중 6명은 농업과 관련된 일을 하며 살았다. 그런데 오늘날에는 미국 국민 100명 중에서 단지 2명만이 농업과 관련된 일을 하고 있을 뿐이다. 미국의 농가인구는 460만 명으로 전체 인구의 1.5%에 불과하다. 이러한 사정은 우리나라도 마찬가지이다. 1970년만 하더라도 우리나라 전체 인구의 45%가 농촌에 거주했다. 그런데 2011년 말 기준으로 우리나라의 농가인구는 전체 인구의 6.1%에 불과한 296만5000명이다. 농가인구 중에서 37.2%가 65세 이상의 고령이다. 실제로 농사를 짓는 농업인구는 그중에서도 절반 정도에 불과하므로 3명의 생산자가 농사를 지어서 97명의 소비자를 먹여 살리고 있는 것이 우리의 현실이다.

축산업의 상황은 더욱 심각하다. 지난 30년 사이에 국내에서 사육되는 가축의 수는 4배 늘어났는데, 축산 농가는 12분의 1로 줄어들었다. 특히 대규모 사육 방식으로 규모화가 많이 진행된 돼지와 닭은 더 적은 수의 농가가 더 많은 가축을 기르고 있다. 1980년에는 50만3000가구의 농가에서 176만1000마리의 돼지를 사육하고 있었으나, 2012년 초에는 6300농가에서 817만1000마리의 돼지를 기르고 있다. 1980년에 비해 양돈농가의 수가 80분의 1로 줄어들었는데도 당시에 비해 4.6배나 더 많은 돼지를 기르고 있다. 돼지를 5000두 이상을 기르는 대규모 농가는 300가구 남짓 되는데, 이들은 국내에서 사육되고 있는 돼지의 28%에 해당하는 232만2000마리를 기르고 있다.

국내 가축사육 및 축산농가 현황 (단위는 1000)

연도	한(육)우		젖소		돼지		닭	
	마리수	호수	마리수	호수	마리수	호수	마리수	호수
1980	1,380	998	194	22	1,761	503	39.232	692
1990	1,622	620	504	33	4,528	133	74,463	161
2000	1,590	290	544	13	8,214	24	102,547	218
2010	2,922	172	430	6.3	9,881	7.3	149,200	3.6
2011	2,950	169	404	6.1	8,171	6.3	149,511	3.4

양계의 실태를 보자. 1980년에 69만2000농가에서 3900만 마리의 닭을 길렀으나, 2012년 초에는 3400농가에서 1억4900만 마리의 닭을 사육하고 있다. 30년 사이에 양계농가가 200분의 1 이하로 감소했는데도 불구하고 그 사이 닭이 3.8배나 더 늘어났다. 닭을 3만 수 이상 기르는 농가는 1900가구 남짓 되는데, 이들은 국내에서 사육되고 있는 닭의 84%에 해당하는 1억2500만 마리를 기르고 있다.

상황이 이렇다 보니 대다수의 식품을 수입에 의존하고 있다. 2010년 기준으로 곡물자급률은 26.7%, 식량자급률은 54.9%, 사료자급률은 37.5%에 불과하다. 그나마 곡물과 식량 자급률을 이만큼의 수치나마 유지하는 것은 자급률이 104.6%에 달하는 쌀 덕분이다. 육류자급률은 72%나 되지만 가축의 사료를 대부분 수입하고 있기 때문에 진정한 의미에서 자급이라 보기 힘들다.

이처럼 농촌인구가 줄어들면서 축산업의 규모만 커진다면 지속가능한 농업은 불가능해질 것이다. 지속가능한 농업을 위해서는 농부가 존재해야 하고, 농촌 지역사회가 파괴되지 않고 유지되어야 한다.

일본은 최근 농촌 지역사회를 유지하기 위해 농업 취업 희망자에게 연간 150만 엔씩 최대 7년간 지원하는 '농부월급제'를 시행하기로 했다. 일본 농림수산성의 통계조사에 따르면, 2010년 일본의 농업취업인구는 260만 명에 불과했다. 1990년 농업취업인구가 482만 명이었으니 20년 만에 거의 절반으로 줄어든 것이다. 농촌 지역의 노령화 문제도 심각하여 농업 취업자의 평균 연령이 65.8세에 달했다. 65세가 넘는 농민이 60%를 훨씬 넘었다. 일본 정부는 이 문제를 심각한 사회적 위협으로 인식하고 국가적으로 농부를 육성하기 위해 나선 것이다.

가축이 행복하고 인간이 건강하려면 유기농이나 동물복지만을 외칠 것이 아니라 농민이 생계를 유지할 수 있는 여건도 함께 마련해야 한다. 농촌 지역사회가 붕괴되어 농민이 사라진다면 누가 유기농 소를 키운단 말인가. 농민의 삶에는 관심을 가지지 않은 채 유기농 식품만 사먹으면 친환경을 실천하는 것이라 할 수 있는가. 농민이 제대로 된 복지 혜택을 받지 못하는 사회에서 동물복지를 법으로 만든들 그 법이 무슨 소용이 있을까.

단순히 가축 사육 기술을 바꾸고 법률을 개정하는 것만으로 농부와 가축, 그리고 소비자들이 모두 행복한 세상을 만들 수 없다. 농업, 농민, 농촌 지역사회에 대한 우리 사회의 패러다임이 근본적으로 바뀌어야 한다. 농업을 시장에서 거래되는 상품을 생산하는 경제적·교역적 측면으로만 바라본다면 오히려 유기농 농축산물을 외국에서 수입해 먹는 것이 현실적이라고 볼 수 있다. 생산비가 적게 들어 가격 측면에서 비교 우위가 있을 뿐더러 안전성 측면에서도 더 나은 면이 있기 때문이다.

그러나 농업은 경제적·교역적 측면 외에도 다른 다양한 측면을 지니고 있다. 농업은 농촌지역의 공동체와 사회를 유지하는 기능을 한다. 지역의 노동력을 흡수하고 지역 경제를 유지해 도시화와 산업화로 인한 사회문제를 완충해준다. 농촌지역에서 농업의 침체는 농업노동력의 감소와 지역경제의 침체를 유발하고, 동시에 노동력의 고령화 및 질적 저하로 인한 농업생산성의 저하, 농업소득의 감소 등의 악순환을 가져온다.

농업은 문화인류학적으로 전통문화를 계승하고, 아름다운 자연경관을 제공하는 기능이 있다. 환경적으로도 홍수를 방지하고, 수자원을 함양하며, 토양을 보전하고, 대기를 정화하며, 지구온난화를 방지하고, 생물다양성을 유지하는 기능이 있다. 아울러 식량의 안정적 공급과 식품안전을 보장하는 식량주권과 다양한 사회의 가치를 전해주는 교육적 기능도 지니고 있다.

농부와 가축이 모두 행복한 축산업을 위해서는 사회구성원들이 이러한 농업의 다원적 가치를 인정해야 하고 지원과 보호에 나서야 한다. 농업·농민·농촌 문제를 시장에 맡겨두는 패러다임에서 벗어나야 한다. 쉽게 상품화할 수 있는 축산·시설작물·특용작물 위주의 농업에서 탈피해야 한다. 무엇보다 유기축산, 동물복지축산을 하기 위해서는 축산의 규모를 지금보다 대폭 줄여야 한다.

12 가축의 복지는 소비자의 선택에 달려 있다

과다 육류 섭취는 필연적으로 공장식 축산업을 부른다

인구수에 따른 식당 개수로 천국을 결정하는 기준이 있다면 우리나라 사람들은 그야말로 '외식천국'●에 살고 있다고 볼 수 있다. 외식천국에 사는 자영업자들은 생존율 10%라는 치열한 생존경쟁 속에서 음식을 만들고 있다. 2007년부터 2009년까지 새로 생긴 음식점이 18만 개였으며, 문을 닫은 음식점이 16만 개였다. 단순한 셈법으로는 음식점 10곳 중 9곳이 망했다는 이야기다. 놀라운 것은 이런 상황 속에서도 외식산업의 규모는 10년 사이에 2배 이상 커졌다는 것이다. 1999

● 우리나라의 식당 수는 2009년을 기준으로 57만7000곳이나 된다. 우리나라 사람 86명이 식당 한 곳을 먹여 살리고 있는 셈이다. 패스트푸드 제국이라고 할 수 있는 미국은 인구 322명 당 한 곳의 식당이 있다. 날아다니는 것은 비행기, 네 발 달린 것은 책상을 빼고 세상의 거의 모든 것을 음식재료로 사용할 수 있다는 중국도 인구 224명 당 1곳의 식당이 있다. 돈가스, 카스테라, 규동, 라멘 등 새로운 음식을 만들어 상업화하는 데 특별한 재주가 있는 일본 사람들도 170명이 식당 한 곳을 먹여 살리고 있을 뿐이다.

년 국내 외식산업의 매출규모는 30조2000억 원이었는데, 2009년엔 그 규모가 70조 원에 달했다. 2009년 정부예산이 267조9000억 원이었으니 4분의 1이 넘는 엄청난 금액이다. 결국 정글의 법칙이 지배하는 이 외식천국에서는 10곳 중 9곳이 망해갈 때 상위 포식자들이 엄청난 수익을 올리고 있다는 얘기다.

앞뒤 가리지 않고 모든 것을 '선진화'시키는 데 여념이 없는 이명박정부는 외식천국을 더욱 선진화시킬 요량으로 2011년 3월 9일 '외식산업진흥법'을 만들었다. 식품산업을 육성하고, 한식을 세계화하는 등 외식산업을 진흥시키고 경쟁력을 강화하여 외식산업을 선진화시키겠다는 것이다. 부처 이름에 식품을 달게 되어 외식산업이 차려놓은 밥상에 숟가락 하나 얹고서 주무부처가 된 농식품부는 2012년 1월 18일 '외식산업진흥 기본계획'을 발표했다. 부처 내에 '외식산업진흥과'까지 둔 농식품부는 2016년까지 외식산업 매출을 125조 원으로 늘리고, 고용인원을 170만 명으로 확대할 계획이다. 쉽게 말해 우리 국민들은 외식산업 선진화를 위해 앞으로 4년 후에 1인당 외식비 지출을 현재보다 1.8배 더 늘려야 한다.

4년 사이에 외식 지출이 1.8배 더 늘어나기 위해서는 그만큼 공장식으로 생산된 식품원료가 더 많이 필요하게 된다. 수입 농축산물의 비중은 더욱 늘어날 것이고, 국내의 농축산업도 더욱 빠른 속도로 규모화될 것이다. 정부는 외식 산업을 진흥시켜 맥도날드 · 롯데리아 · KFC · 파파이스 · 피자헛 · 버거킹 등의 프랜

● 공정거래위원회에 등록된 프랜차이즈 브랜드 수는 2011년 12월 말을 기준으로 총 2913개인데, 그중에서 70%가 외식업이다. 10개의 프랜차이즈 가운데 7개가 외식업에 몰려 있는 것이다. 프랜차이즈 천국이라 불리는 미국과 일본의 경우도 프랜차이즈 산업에서 외식업이 차지하는 비중은 일본 20%, 미국 30%에 불과하다. 국내 프랜차이즈 시장은 규모가 95조 원, 가맹점이 31만 개, 국내 총생산의 7.8%, 총고용의 3.8%에 달하는 공룡으로 성장했다. 이 공룡은 햄버거, 피자, 치킨 등의 패스트푸드를 식량으로 삼아 몸집을 불리고 있다.

차이즈 산업●을 성장 동력으로 삼으려 하는 것 같다.

패스트푸드 산업은 공장식 축산업으로 생산된 육류가 대량으로 유통되는 통로다. 패스트푸드 산업이 지금처럼 비대한 규모를 유지하며 고기류를 파는 한, 공장식 축산업의 필요성은 사라지지 않을 것이다. 사람들은 집에서 음식을 해먹을 때보다 외식할 때 과식을 하며, 패스트푸드는 가정의 음식보다 열량이 훨씬 높다. 패스트푸드 산업은 끊임없이 메뉴의 크기를 키우고, 세트 메뉴를 개발하여 소비자들이 더 많은 열량을 섭취하게 만들었다. 패스트푸드의 이러한 마케팅 기법에 광고는 날개를 달아주고 있다. 미국 텔레비전 광고 중에서 43%가 음식물 광고라는 조사결과가 있다. 미국에서 토요일 아침과 오전 시간에 방영되는 텔레비전 광고 중 절반 이상이 과자와 패스트푸드인데, 이때가 어린이들이 텔레비전을 가장 많이 시청하는 시간대이다.

패스트푸드가 건강에 얼마나 유해한지는 탐사보도를 전문으로 하는 저널리스트인 에릭 슐로서가 지난 2000년 『패스트푸드 제국』을 통해 집중적으로 문제제기를 한 이후 〈슈퍼 사이즈 미〉나 〈패스트푸드 제국〉 등의 영화를 통해 널리 알려졌다. 모건 스펄록 감독은 자신을 대상으로 패스트푸드 생체실험을 하여 다큐멘터리 영화 〈슈퍼 사이즈 미〉를 제작했다. 그는 2003년 2월부터 한 달 동안 맥도날드사의 패스트푸드만을 먹으며 몸과 건강 상태가 어떻게 변화하는지를 생생하게 보여주었다. 그는 아침, 점심, 저녁식사로 맥도날드의 슈퍼 사이즈 세트 메뉴를 먹었는데, 체중은 30일 만에 84*kg*에서 95*kg*으로 불어났다. 체중이 11*kg*이나 증가했을 뿐만 아니라 콜레스테롤 수치도 급격하게 상승했다. 이에 따라 그의 건강생태도 악화되어 비만으로 인한 간질환, 성기능 장애, 우울증 등이 나타났다.

패스트푸드 업계에서는 "비만은 개인의 식습관이나 운동이 좌우한다"며 원인을 다른 곳으로 돌리고 있다. 그들은 "어떤 음식이라도 한 달 동안 계속 먹으면 탈이 난다"며 패스트푸드를 옹호하고 있다.

그러나 〈슈퍼 사이즈 미〉에서처럼 매일 패스트푸드를 먹지 않고 일주일에 두 번 이상 패스트푸드를 먹기만 해도 당뇨병과 심장병에 걸릴 위험이 높아진다는 최근 연구결과도 있다. 호주 연구팀은 26~36세 성인 남녀 1896명의 식습관과 생활양식을 조사했는데, 남성 10명 중 4명과 여성 10명 중 2명은 일주일에 2회 이상 패스트푸드를 사 먹었다. 이들의 혈액을 검사해보니 혈당과 인슐린 수치가 모두 높게 나왔는데, 특히 여성의 수치가 더 높아 위험성이 더 큰 것으로 나타났다. 이러한 연구결과가 2011년 12월 7일자 『유럽 임상영양학 저널』에 실렸다.

또한 영국 에버딘대학의 존 스피크먼 교수팀은 2010년 9월 영국과학축제에서 "비만 유행병은 현대인의 앉아 있는 생활습관과는 상관없으며 그저 지나치게 많이 먹기 때문"이라는 연구결과를 발표하기도 했다. 운동으로 비만 유행병을 막기에 역부족이며, 음식 섭취량을 줄이는 것이 현실적인 해결책이다.

2010년 5월 영국의 〈데일리메일〉이 고발한 "맥도날드 치킨에 대한 입맛 떨어지는 진실"이라는 폭로기사를 보면 가축의 행복과 인간의 건강을 위해 패스트푸드를 끊고 외식을 줄여야 하는 이유를 알 수 있다. 식품업계는 마치 닭들이 자연스러운 환경에서 건강하게 사육되는 것처럼 광고를 하지만, 실제로는 도축체중에 맞도록 유전자조작을 한 닭들을 A4 용지 한 장만 한 조그마한 크기의 사육공간에서 공장식으로 사육하여 40일 만에 도축하고 있다. 그중에서 5%의 닭들은 이러한 사육조건을 견디지 못하여 스트레스로 사망하며, 살아남은 닭들도 공장식 도축방법으로 털이 뽑히고 가공된다. 소비자들은 결코 이러한 현실을 알지 못하고 있는데, 식품업계는 소비자들의 무지를 이용해서 막대한 돈을 벌어들이고 있다.

소비자들이 패스트푸드를 끊고 외식을 줄이면 육류 소비량이 눈에 띄게 줄어들어 공장식 축산업이 커다란 타격을 입게 될 것이다. 거대기업 소유의 패스트푸드 회사들은 균일한 품질을 유지하기 위해 육류 공급업체들을 통합해 규모화에 의한 독과점 시장을 만들어왔다. 이들은 갑의 힘으로 을의 위치에 있는 농가들에게 자신들의 구매조건을 강제했다. 농가들은 울며 겨자 먹기로 이들 기업의 저가 매입 요구를 들어주었다. 중소규모의 농가나 가족농은 견디다 못해 도산하는 경우가 많았다. 패스트푸드 회사들의 주머니가 두둑해질

수록 소비자들의 주머니는 가벼워졌으며, 소비자들의 건강 수준 또한 낮아졌다. 도시의 소비자들이 지금과 같은 과도한 육류소비 습관을 바꾸지 않는다면, 유기축산이나 동물복지는 먼 나라 이야기일 뿐이다. 과도한 육류소비를 뒷받침해주고 있는 공장식 축산업이 중단되어야 가축이 행복하고 인간이 건강한 사회를 만들 수 있다.

건강을 지키기 위해 소비자는 무엇을 할 것인가

누구나 식품의 생산자이자 소비자였던 농경사회와 달리 현대 산업사회에서는 소수의 생산자와 다수의 소비자로 나뉘게 되었다. 국토해양부에 따르면 우리나라에서 도시지역에 거주하는 사람은 2010년 기준으로 4593만 명이다. 국민 100명 중에서 91명은 도시에 살고 있는 셈이다. 이제 도시에 사는 사람들은 자신이 먹고 있는 식품이 어디에서 누가 어떻게 생산하여 어떤 과정을 거쳐 가공되고 유통된 것인지 알 수 없게 됐다.

생산자와 판매자와 소비자가 얼굴을 맞대고 식품을 거래하던 방식에서 대규모 물류시스템을 갖춘 재벌기업이 운영하는 백화점, 대형마트, 기업형 슈퍼마켓SSM에서 먹을거리를 사는 방식으로 바뀌었다. 이제 어느 도시에서나 백화점과 대형마트와 기업형 슈퍼마켓이 들어서서 재래시장과 동네슈퍼를 대신하고 있다. 롯데·신세계·현대 등 재벌기업에서 운영하는 백화점은 고급화·명품화 전략을 추구하여 전국에 85개의 매장만을 운영하고 있으나, 그 대신 대형마트와 기업형 슈퍼마켓을 눈덩이 굴리듯 늘려나가고 있다.

재벌기업에서 운영하는 대형마트와 기업형 슈퍼마켓은 균일한 품질을 갖춘 식품을 대량으로 구매하기 때문에 그만큼의 물량을 공급하기 어려운 중소규모의 농가보다는 대규모 기업농과 주로 거래를 하게 된다. 또한 물량공급이 풍부한 수입산을 더 선호한다.

농축산물은 공산품과 달리 균일한 품질로 생산하기가 쉽지 않으며, 이동거리나 유통기간이 길수록 벌레나 미생물에 피해를 입기 쉽다. 그래서 대규모로 유통되는 농축산물은 보존 기간을 늘리거나 살균을 위해 농약·방부제·살충제·도포제·방사선 조사照射 등의 처리를 하는 경우가 많다. 이러한 수확 후 처리기술은 공장식 축산농장이나 도축장의 비위생적 실태를 감추는 위장막 역할을 할 수 있다.

대표적인 수확 후 처리기술인 방사선 조사와 이산화염소 용액 살균처리를 살펴보자. 식품업계는 감자에 싹이 트거나 쇠고기에 식중독 세균이 우글거리거나 버섯이 빨리 숙성되는 것 등을 막을 목적으로 방사선을 쬐는 방법을 개발했다.

그러나 방사선 조사를 할 경우 암이나 기형을 일으킬 수 있는 식품의 화학적 변화를 불러올 수 있으며, 비타민이나 다른 영양성분을 파괴할 수도 있다. 미국 유기농소비조합은 육류에 방사선 조사를 허용하는 것은 “변질되거나 부패한 고기를 위장하는 수단으로 사용될 수 있으며, 훌륭한 도축시설을 갖추고 청결한 위생 상태를 유지하는 도축장에 피해를 줄 수 있고, 유익한 미생물을 완전히 사멸시킴으로써 유해한 미생물이 더 많이 증식할 수 있는 나쁜 환경을 만들 우려가 있고, 활력이 없거나 변성된 식품을 식탁으로 올려 식품의 맛을 떨어뜨릴 수 있다"고 비판하고 있다.

동물실험을 통하여 방사선 조사식품은 조기사망, 사산, 돌연변이, 치명적 내출혈, 장기손상, 면역계 장애, 발육부전, 영양결핍 등 광범위한 건강상 문제를 일으킬 수 있음이 드러났다. 실제로 2008년 말 호주에서 방사선을 쬐어 소독 처리한 사료를 먹은 고양이 90마리에서 신경증상이 나타나 그중 30마리가 사망하는 사건이 발생하기도 했다. 호주 농림부장관은 곧바로 방사선 조사 처리를 금지했다.

국내에서는 현재 육류에 방사선 조사를 실시하는 것이 금지되어 있는 데 반해, 미국에서는 2002년 2월 이후 모든 육류와 쇠고기에 방사선 조사를 허용하고 있다. 그런데 한국과 미국 정부는 2008년 미국산 쇠고기 수입위생조건 제18조에 "쇠고기 및 쇠고기 제품은 한국 법규에 따라 이온화 방사선, 자외선 및 연육제로 처리될 수 있다"는 내용을 슬그머니 포함시켰다. 이에 따라 한국 정부와 미국 정부가 한국 국내법을 변경하여 쇠고기 방사선 조사 처리를 허용하는 뒷거래를 했다는 의혹이 제기된 바 있다.

이산화염소 용액을 이용하여 닭고기를 살균 처리하는 방식도 논란이 되고 있다. 식품업계는 그동안 냄새를 없애고 소독을 하기 위해 차아염소산나트륨이나 포르말린을 사용해왔으나 유해성 논란이 일자 이산화염소 용액을 새롭게 들고 나왔다. 이산화염소는 포도·상추·깻잎·인삼에서부터 화훼와 양봉을 거쳐, 먹는 샘물에 이르기까지 광범위한 분야에서 사용되고 있다.

그러나 유럽연합은 1997년 미국의 도축장에서 이산화염소 용액으로 닭고기를 살균 처리하는 것을 비판하는 보고서를 내고, 이를 금지하는 지침을 채택했다. 유럽연합의 보고서는 "미국 도축장에서 위생규범이 제대로 지켜지지 않고 생산의 마지막 단계에서 이산화염소로 처리하는 과격한 방법에만 식품의 안전성을 의존하고 있으며, 닭고기를 세척하는 데 비非음용수를 사용하고 각 생산단계에서 온도 통제도 부족하다"고 지적했다. 이에 따라 이산화염소 용액으로 처리한 미국산 닭고기는 유럽으로 수입이 금지되었다. 미국은 세계무역기구에 유럽연합을 제소했지만, 이산화염소로 살균 처리한 미국산 닭고기는 10년이 넘도록 여전히 유럽에 수출이 금지된 상태다.

만일 골목상권이 붕괴되어 대형마트와 기업형 슈퍼마켓을 중심으로 육류를 대량으로 유통시키게 되면 방사선 조사 또는 이산화염소로 살균 처리한 미국산 쇠고기·돼지고기·닭고기가 우리의 식탁을 점령하는 것은 시간문제일 것이다. 이런 불행한 사태를 막아내기 위해서는 도시 소비자들이 대형마트에서 카트를 끌고 물건을 가득 사오는 쇼핑습관을 버려야 하며, 장바구니를 들고 생협·동네 슈퍼·농민장터 등을 찾아다녀야 한다.

가축이 행복하고 인간이 건강한 사회를 만들기 위해서는 보다 많은 사람들이 한살림, 아이쿱iCOOP생협, 여성민우회생협, 두레생협, 에코생협, 경실련정농, 예장, 천주교우리농, 불교생협, YMCA 등의 생활협동조합에 회원으로 가입하여 적극적으로 활동해야 한다. 우리나라의 생협은 "생산자는 소비자의 생명을 책임지고, 소비자는 생산자의 생활을 책임진다"는 정신으로 도시와 농촌의 생활공동체를 지향하고 있다. 지금은 한 발 더 나아가 도시와 농촌의 유기순환을 위한 여러 가지 사업을 펼치고 있다.

생협은 지역 단위를 뛰어넘어 도시와 농촌이 협력할 수 있는 유기순환 모델을 만들어나가고 있다. 가톨릭농민회가 벌이고 있는 자급 퇴비 마련을 위한 암송아지 보내기 운동이 도농유기순환 모델의 대표적 사례이다. 도시의 성당이나 단체에서 농가에 암송아지를 입식할 수 있는 자금을 보내면, 농가에서는 암송아지를 구입하여 유기농 방식으로 키운다. 사료는 총체보리나 볏짚 등을 이용하여 자가사료를 만들어 먹인다. 여기서 나온 분변을 발효시켜 퇴비를 만들어 유기농 농산물을 생산하여 다시 도시의 성당이나 단체에 보내고 있다.

여성민우회생협에서도 이와 비슷한 암소수내사업을 벌이고 있다. 수내란 옷감 두 필을 짤 수 있는 재료를 줘서 한 필은 받고 나머지 한 필은 삯으로 주는 방식을 말한다. 옛날 가난한 농가에서는 송아지를 받아서 기른 다음에 소값을 빼고 나머지로 대가를 치루는 수냇소를 키웠다. 이러한 상부상조 전통을 계승하여 여성 농민에게 송아지를 분양함으로써 유기순환 농업의 밑거름이 되고 있다.

우리나라의 생협 회원은 2010년 기준 51만 가구 정도로 추정되는데, 이는 총가구수 1757만 중에서 2.9%에 해당된다. 생협 회원들은 1~2인 가구보다 4인 가구가 더 많은 사정을 고려하여 통계를 약간 보정하더라도 생협의 비중은 총가구수의 3.5% 정도일 것 같다.

만일 생협의 회원이 최소한 총가구수의 20~30%가 넘어선다면 중소규모 농민의 삶이 더욱 윤택해지고, 가축의 복지와 도시 시민들의 건강도 증진될 것이다. 단기간에 생협 회원이 이처럼 불어나는 것은 현실적으로 쉽지 않겠지만, 2008년 광우병 위험이 있는 미국산 쇠고기의 졸속개방에 맞서 전 국민적인 촛불시위가 들불처럼 일어났듯이 불가능한 일만은 아니라고 생각한다.

소비자의 식습관이 축산방식을 바꿀 수 있다

공장식 축산업과 패스트푸드에 반대하여 개인이 할 수 있는 소박한 실천은 제철에 자기 고장에서 난 농축산물을 집에서 천천히 요리하여 적게 먹는 식습관으로 바꾸는 것이다. 그런데 현실에서는 강원도 정선 같은 농촌지역에서마저도 자기 고장에서 난 음식재료를 가져다 요리해 먹기가 쉽지 않다. 농사를 직접 짓는다고 하더라도 자신이 생산하지 않는 음식재료는 구입해야 하는데, 농민들도 먹을거리의 많은 부분을 수입산에 의존하게 되었다. 사람도 가축도 수입 곡물이 없으면 먹고 살기 힘든 세상이 된 것이다.

이러한 현상이 벌어지게 된 원인은 전국 면적의 11.8%에 불과한 서울과 수도권에 전체 인구의 절반가량이 몰려 살면서 생겨난 농산물 생산과 소비의 기형적인 불균형이다. 수도권이 아닌 지방이라고 하더라도 급속하게 도시화가 진행되어 실제 농가인구는 전체 인구의 6.1%에 불과하다. 수도권 인구집중 현상이 우리처럼 극단적으로 편향되지 않은 유럽이나 미국에서도 농업인구는 전체 인구의 2~5% 수준으로 계속 줄어들고 있다. 이에 따라 농민의 생존과 농촌지역사회의 유지가 먹을거리의 안전과 직결된 중요하고 시급한 문제로 떠올랐으며, 그 대안의 하나로 로컬푸드 운동●을 벌이고 있다.

먹을거리 원료를 지역에서 구입하여 집에서 천천히 요리하여 먹으려 노력하는 일은 여러 가지로 중요하다. 국경을 넘어 식품을 먼 거리로 수송하기 위해서는 많은 화석연료를 사용하기 때문에 환경이 오염된다. 원거리 무역에서 살아남으려면 화학비료·농약·항생제를 사용하여 농산물과 육류를 대량으로 생산해야 하며, 운송과정에서 벌레가 먹거나 변질되는 것을 방지하기 위해 방사선이나 화학약품으로 처리를 해야 한다.

지역 먹을거리로 천천히 요리를 하게 되면 패스트푸드나 가공식품에

● 지역 먹을거리(로컬푸드) 운동은 현재 일본의 지산지소(地産地消), 이탈리아의 슬로우푸드, 미국의 지역사회가 지원하는 농업, 우리나라의 신토불이 운동 등으로 세계 곳곳에서 다양한 방식으로 이루어지고 있다. 로컬 푸드 운동을 통해 농민은 적절하면서도 안정적인 수익을 보장받아 생계를 유지할 수 있으며, 소비자는 신선하고 안전하면서 생태적인 먹을거리를 공급받음으로써 서로 상생할 수 있는 다양한 길을 찾고 있다.

들어 있는 발색제, 인공감미료, 산화방지제, 방부제, 표백제 등 인체에 해로운 첨가물을 먹지 않아도 된다. 장바구니를 들고 동네의 생협이나 슈퍼에서 필요한 만큼만 장을 보면 대형마트에서 카트에 가득히 물건을 살 때보다 경제적 낭비를 하지 않게 되며, 쓰레기 배출량도 줄어들게 된다.

무엇보다도 지역 먹을거리를 구입하게 되면 농촌지역 사회를 유지하고 이끌어나가는 중소규모의 가족농이 살아남을 수 있다. 중소규모의 가족농이 살아남아야 자연순환적인 유기농이 가능하다. 땅이 지력을 회복해야 작물이 제대로 자라고, 가축이 행복해지고, 인간이 건강해질 수 있다.

패스트푸드가 유행하는 사회는 지나친 육류 섭취를 권장한다. 우리나라 사람들은 지난 41년 동안 고기 소비량이 8배나 늘었다. 쇠고기 1*kg*을 생산하기 위해서는 8*kg*의 곡물이 들어가며, 돼지고기 1*kg*을 생산하기 위해서는 3~5*kg*의 곡물이 필요하다. 만일 13억4000만 명에 이르는 중국인들이 현재의 미국 수준으로 쇠고기와 닭고기를 소비한다면 전세계적으로 심각한 식량위기가 닥칠 것이다.

지구 환경과 가축의 행복, 그리고 인간의 건강을 위해서는 우리나라를 비롯한 미국·중국·EU·일본 등 전세계 대부분의 나라들이 지금보다 가축 사육 규모를 축소하고 육류소비량을 줄여야 한다. 이제 공장식 축산업에 대한 모라토리움을 선언하고, 환경 친화적이면서 생태순환적인 축산업으로 전환을 해야 한다.

소비자가 변하지 않은 채 농민들에게 유기농 축산이나 동물복지를 요구해봐야 탄탈로스나 아귀처럼 늘 배고픔의 형벌만 받게 될 것이다. 비만이 전염병처럼 번져가는데도 고기를 향한 끝없는 탐욕을 줄이지 않는다면 지구 환경과 가축과 인간을 모두 위기로 몰고 갈 것이다. 천천히 요리하여 적게 먹는 일이야말로 지구환경을 살리고, 가축을 행복하게 하고, 인간을 건강하게 만드는 아주 중요한 실천이다.

닫는 글

얼굴 있는 생산자와 가슴이 따뜻한 소비자가 만날 때

인류는 지구상에 등장했던 순간부터 지금까지 자연에 의지해서 먹을거리를 구해왔으며, 앞으로도 그러할 것이다. 문명이 발달하기 전에는 산과 들과 강과 바다에서 사냥과 채집을 통해 얻은 동물과 식물을 식량으로 만들었다. 야생동물들이 그러하듯 태초의 우리 조상들은 먹을거리를 찾느라 삶의 대부분의 시간을 보냈다. 신석기 혁명으로 농경과 목축을 시작하면서 비로소 굶주림의 고통에서 벗어날 방법을 찾아냈다. 땅을 갈아 씨를 뿌리고 가축을 가두어 기르는 농부는 인류 역사상 가장 오래되었으면서도 지금까지도 존속하고 있는 직업 중 하나이다. 적어도 먹을거리만 두고 본다면 현대 인류는 여전히 신석기시대의 연장선에서 살고 있는 것으로 볼 수 있다.

현대의 농업 · 축산업 · 어업은 여전히 자연에 의지해서 먹을거리를 생산하고 있으며, 현대 인류도 여전히 동물과 식물을 가리지 않고 먹어치우는 잡식성 식습관을 가지고 있다. 특히 고기는 인간이 가장 좋아하는 음식이다. 아주 오래전부터 종교적인 이유 때문에 채식을 선택하는 사람들이 일부 있었지만, 그 어떤 종교나 신념체계로도 대다수의 인간이 고기 먹는 일을 포기하도록 만들지 못했다. 최근 들어서도 영양상의 필요나 동물보호 또는 환경보호에 대한 개인적 신념으로 채식을 선택하는 사람들이 약간 늘고 있지만, 과거 역사에서 증명된 것과 마찬가지로 인류가 종말을 고하는 그날까지 대다수의 인간이 아예 고기를 포기하는 일은 없을 것이다.

그렇다고 채식주의자들이 조롱을 받거나 차별을 당해서는 안 된다. 채식을 선택한 사람들은 충분히 존중받아야 한다. 다만 먹을거리에 대한 자신의 신념체계를 다른 사람에게 지나치게 강요하는 것은 옳지 않다고 생각한다. 인간이 소나 양처럼 풀만 뜯어 먹고 살았다면 한 개의 위를 가지고 살지는 않았을 것이다. 분명 되새김질을 위해 4개의 위를 가지는 쪽으로 진화했을 것이다. 인간은 불을 사용할 수 있는 능력과 치아 구조, 그리고 위장 구조를 통해 곡물, 채소, 과일, 고기를 가리지 않고 먹을 수 있는 잡식동물로 진화했다.

인간이 잡식동물이라고 하더라도 결코 고기만 먹고 사는 육식동물은 아니며, 늘 배부르게 고기를 먹고 살지도 않았다. 선사시대 이후 불과 최근까지도 인간에게 고기는 가끔 먹을 수 있는 사치스러운 음식이었다. 현대 공장식 축산업의 등장으로 비로소 고기는 아주 드물게 먹을 수 있는 고급 음식에서 언제든 쉽게 먹을 수 있는 흔한 음식으로 바뀌었다. 그 대신 지구 환경, 가축과 인간의 건강에 해로운 대가를 지불하고 있다. 앞에서 살펴보았듯이 마블링이 환상적인 꽃등심, 고소한 맛의 삼겹살, 온갖 소스와 양념으로 맛을 낸 치킨의 짙은 화장을 지우면 화학비료와 농약을 잔뜩 뿌린 유전자조작 옥수수와 콩을 원료로 만든 사료를 먹고 비좁은 축사에서 고통스럽게 자란 소·돼지·닭의 참혹한 민낯이 드러난다. 황금알을 낳는 아우슈비츠라 불리는 공장식 도축장에서 생산되는 쇠고기·돼지고기·닭고기는 끊임없이 O-157, 살모넬라균, 리스테리아균 따위의 식중독균에 오염되고 있다. 또한 공장식 축산업은 21세기 신종 전염병이라 할 비만을 일으키는 주범이며, 공장식 축산농장은 광우병·신종플루·조류독감·구제역 등 전염병 병원균의 마르지 않는 저수지이다. 광우병은 공장식 축산방식에 대한 동물들의 역습이며, 구제역은 생매장 현장과 매몰구덩이에서 새어나온 핏물을 통해 아비규환의 생지옥을 보여준다.

그런데…… 그 폐해가 이렇게 막대함에도 불구하고 왜 공장식 축산은 성업중인 걸까? 가축과 인간, 환경을 배려하는 다른 축산 방식들은 왜 확실한 대안으로 자리잡지 못할까?

매우 상식적인 질문이지만 답변이 쉽지 않은 것은 사안이 그렇게 단순하지가 않기 때문이다. 공장식 축산업은 현대 사회를 지탱하는 식품체계의 주요한 기둥이다. 때문에 어느 특정한 한두 가지 기술이나 무항생제 축산 또는 유기농 같은 농업방식의 변화만으로 문제가 해결되기는 어렵다. 동물복지법을 만든다거나 로컬푸드 운동을 펴는 것만으로 가축의 행복과 인간의 건강이 보장될 수 있는 건 아니란 얘기다. 그런 방식으론 일부분의 개선은 가능하겠지만 공장식 축산 시스템을 전반적으로 바꿀 수는 없다. 현재의 축산업은 우리의 생활과 너무 밀접한 연관을 맺고 있기 때문이다. 진정한 변화를 위해서는 우리의 생활과 사회를 바꾸는 길로 나아갈 수밖에 없다. 그리고 그 방향은 우리 모두 개인적 차원에서는 육류소비의 그 절대량 자체를 줄이는 것이고, 사회적 차원에서는 속도와 효율성을 최고의 가치로 여기며 구축해온 시스템을 바꾸는 것이다.

매우 원론적이고 상식적인 결론이지만, 진정한 문제 해결의 관점에서 보자면 오히려 가장 확실한 답이다. 획기적인 해결책을 기대한 이들에겐 무력해 보이는 결론이겠지만, 그렇다고 모든 것을 체념하고 손 놓고 있을 순 없지 않은가. 이윤보다 생명을 더 소중히 여기고, 사람과 동물이 모두 복지혜택을 누릴 수 있는 사회 시스템으로 만들기 위해 작은 실천이라도 우선 해보는 게 무엇보다 중요하다.

농업과 축산을 하는 생산자들은 우선 항생제, 화학비료, 농약, 유전자조작 씨앗에 의존하는 관행농업에서 벗어나기 위해 노력하자. 유기축산, 자연순환축산, 동물복지축산을 하려면 항생제를 예방약이나 성장촉진제로 사용하지 말아야 한다. 가축이 세균에 감염되어 질병에 걸렸을 때만 수의사의 진단과 처방을 받아서 치료 목적으로 항생제를 투여해야 한다. 둘째, 경종농업과 축산업을 유기적으로 순환시키기 위해 노력하자. 가축에서 나온 분뇨로 거름을 만들어 작물에 뿌려주고, 그렇게 생산된 다양한 작물을 가축의 먹이로 활용하는 유기적 순환구조를 만들어야 한다. 셋째, 대기업의 먹잇감이 되어버린 유기농의 상업화를 막아내고, 생협이나 로컬푸드 시스템 등과 적절하게 결합하여 우리 실정에 맞는 자연순환농업 모델을 만들자. 넷째, 농장에서부터 수송과정을 포함하여 도축장 및 가공장에 이르기까지 가축들이 불필요한 고통·괴롭힘·부상을 당하지 않도록 동물복지를 고려하자. 다섯째, 농민들이 교육·의료·연금·문화 등의 분야에서 필수적인 복지를 누릴 수 있도록 농민단체 활동에 적극적으로 참여하자. 농민이 있어야 농업이 있고, 농업이 있어야 도시 시민을 비롯한 우리 모두가 안전한 먹을거리를 공급받을 수 있는 것이다. 농부가 줄어들어 농촌공동체가 사라진다면 유기농도, 생협도, 로컬푸드도 다 공염불일 뿐이다. 농촌 지역사회 유지를 위해 복지를 요구하는 것은 따라서 농민의 정당한 권리이며, 국가의 당연한 의무라고 볼 수 있다.

그렇다면 소비자 편에서는 또 무엇을 해야 하는가? 가축의 복지가 결국은 소비자들의 선택에 달린 문제란 점을 정확히 알아야 한다. 소비자들이 빈번한 외식으로 육류를 과다하게 섭취하는 식습관을 바꾸지 않는 한 공장식 축산업은 결코 사라지지 않을 것이다. 따라서 우리 자신의 건강을 위해 소비자로서 할 수 있는 작은 실천부터 챙기도록 하자.

우선 패스트푸드를 끊고 외식을 줄이자. 여기엔 외식업의 비중을 줄이기 위한 대책도 병행되어야 한다. 보편적 복지를 확대하여 도시의 영세 자영업자나 빈민들의 귀농·귀촌을 지원하는 게 한 방법일 수 있다. 자발적 가난을 택한 지식인 위주의 귀농·귀촌도 의미 있는 일이지만, 농업인구를 보다 확충하기 위해서는 도시의 영세 자영업자나 빈민들이 농업을 통해 삶을 꾸릴 수 있는 여건을 만드는 것이 필요하다.

둘째, 자동차를 타고 백화점이나 대형마트에 가서 카트에 물건을 잔뜩 실어 나르는 쇼핑에서 벗어나자. 소비자들이 자신과 가족들만의 안전한 먹을거리를 구하기 위해 백화점이나 대형마트의 유기농 코너에서 쇼핑하는 것에만 그쳐서는 안 된다. 장바구니를 들고 동네 슈퍼나 생협 매장에 들러 그때그때 필요한 물품을 소량으로 구매하는 수고를 아끼지 말아야 한다. 지역 생협에 회원으로 가입하여 도시와 농촌의 유기순환을 위한 여러 가지 사업에 적극적으로 참여해볼 것을 권한다.

셋째, 천천히 요리하여 적게 먹자. 소비자의 식습관이야말로 공장식 축산방식을 바꿀 수 있는 핵심요소다. 자신이 사는 지역에서 먹을거리 원료를 구하는 것은 환경에 도움이 될 뿐 아니라 공장식 축산업을 무장해제시킬 수 있는 지름길이다. 현재보다 적게 생산하고 적게 먹어야만 음식쓰레기 배출량도 줄일 수 있다. 가축의 행복과 인간의 건강을 위해 자연순환 유기축산을 하려면 지금보다 가축

사육 규모도 줄이고 육류소비량도 줄여야 한다.

공장식 축산업을 폐기하는 것은 어려운 일이지만, 지구 환경을 살리고 가축과 인간의 건강을 위해 우리가 가야 할 올바른 길이다. 인류는 역사 속에서 신분차별·인종차별·성차별 등 실현 불가능할 것 같은 문제들을 해결해왔다. 소비자의 생명을 책임질 준비가 되어 있는 얼굴 있는 생산자와, 그 생산자의 생활을 책임질 준비가 되어 있는 가슴 따뜻한 소비자가 만나서 힘을 모은다면 가축이 행복하고 인간이 건강해질 수 있다. 그것은 꿈이나 이상이 아니라 멀지 않은 장래에 우리가 실현할 수 있는 현실이 될 수 있다. 이윤보다 생명을 소중하게 여기는 또 다른 세상은 얼마든지 가능하다.